永恒

KOBE BRYANT

科比，
永不退场

典藏版

段冉 ◎ 著

北京时代华文书局

KOBE BRYANT

科比·布莱恩特

永不退场！

MBA
EVER

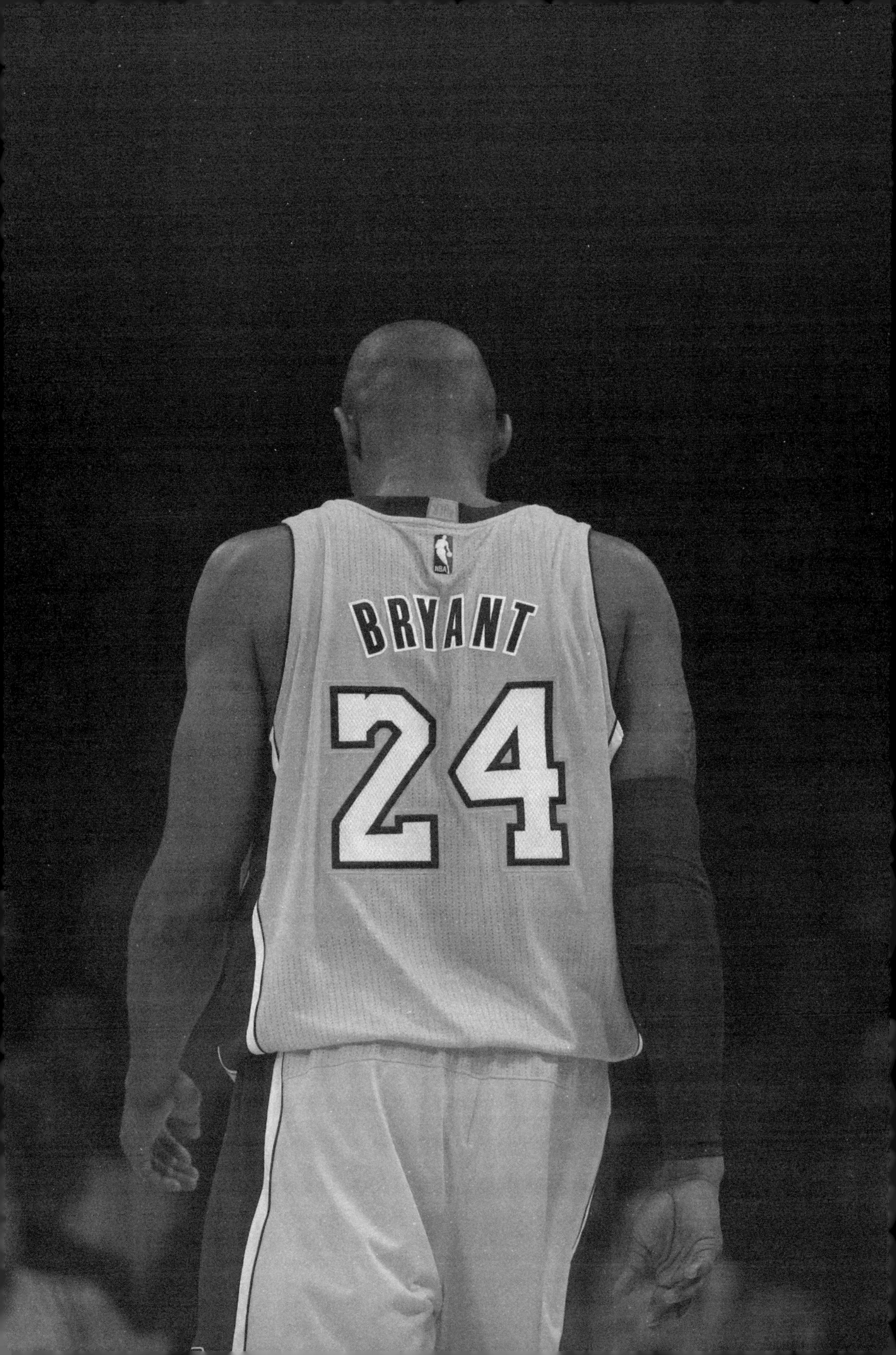
BRYANT
24

CONTENTS 目录

第一章

遗憾

2010.6.24 – 2013.7.11

随着湖人队以及科比自己身体的没落，退出历史舞台是必然的。但并不是说他们就没有机会，可能有时候他们拥有最好的机会，只是还需要很好的运气。

渴望新王朝

"挑战不是只赢下 1 次总冠军，而是赢下许多总冠军，迈克尔·乔丹、'魔术师'，我想和他们坐在同一桌，成为同一级别。"两连冠后科比这样说道。

但任何王朝都有盛极而衰的一天，像圣安东尼奥马刺队那样，从大卫·罗宾逊和蒂姆·邓肯的内线双塔，到以邓肯为核心的"GDP组合"，再到"科怀·莱昂纳德＋拉马库斯·阿尔德里奇＋托尼·帕克"，甚至"拉马库斯·阿尔德里奇＋德罗赞"，从老板皮特·霍尔特、总经理 P.C. 布福德、主教练格雷格·波波维奇以及整个教练团队，自1997 年邓肯进入联盟以来直到现在，20 多年如一日的强盛且内部异常和谐，真的太难了，更像是童话。

对于"黑曼巴"，手指上又多了两枚总冠军戒指，他确实超过了"大鲨鱼"，但和自己的偶像——迈克尔·乔丹相比，科比明白自己还差得太远。既然"飞人"能拿下两次三连冠，为什么自己不可以呢？

詹姆斯在东部联盟搞出了那么大的动静，湖人队管理层依旧按部就班。2010 年的夏天很快就到了，首先是选秀大会，但这并非重点，尽管有两个新秀签，但都是次轮，结果，43 号新秀德文·伊班克斯为湖人队打了 3 个赛季，而 58 号新秀德里克·卡拉克特只待了 1 个赛季，现在都从 NBA 消失了。7 月 8 日，米奇·库普切克以 4 年 1600 万美元的合约签下了自由球员史蒂夫·布莱克，他球风稳健，是 1 号位的好替补，22 日又签下两名自由球员：一个是"联盟浪子"马特·巴恩斯，2年 260 万美元；一个是昔日的"盖帽王"西奥·拉特利夫，以 1 年 135万美元被湖人队招至帐中。就当时的市场行情来说，这三名球员都拥有即战力，合同也都是物美价廉，他们可以完美地弥补板凳席的漏洞。

不过，布莱克、巴恩斯、拉特利夫对于湖人队来说只是零件，最强大的生产线还是科比·布莱恩特、保罗·加索尔、安德鲁·拜纳姆这三名大将，而"老鱼"是铁打的首发组织后卫，罗恩·阿泰斯特是铁打的主力小前锋兼防守大将。拉马尔·奥多姆是第六人，他几乎是所有位置都能打。湖人队管理层自然明白这样的道理，所以，2010年夏天依然是以不变应万变，他们几乎是完整地保留了两连冠功臣——当然，约什·鲍威尔和 D.J. 姆本加不能算是功臣，所以任其走人。

科比自然是会安心打球而不需要考虑其他问题的：

2009 – 2010 赛季末期他已经和球队达成了续约协议，3 年 9000 万美元——看似天价，但这价钱对那时候的科比来说真的是合情合理。

其余的成员，尤其是核心也都能够安心打球而不需要旁顾左右，大加索尔、拜纳姆、奥多姆、阿泰斯特全都有合同在身。成为自由球员的"老鱼"在观望之后，最终选择以 3 年 1050 万美元的合同留在洛杉矶。

在 NBA 联盟，并不是每个人都要竞争总冠军，甚至大多数都是为了钱、合同、上场时间，有人来了，就会有人离开。其中让湖人队有些舍弃不下的便是乔丹·法马尔，在 7 月 11 日，即布莱克加盟的第三天便转投新泽西篮网队，因为湖人队的 1 号位已经有三个人，前面的"老鱼"和布莱克似乎动摇不了，他的明智选择便是离开。他的离开固然让湖人队管理层有些不舍，但他们相信史蒂夫·布莱克会比法马尔更稳健。他们也需要这样一个有经验的组织后卫去平衡大局，而"老鱼"其实是那种大心脏的球员，稳健不足。

如果时间可以倒流，法马尔可能不会在那个夏天离开湖人队。自从这次离开湖人队之后，他的表现一年不如一年，到最后干脆被买断，只能混迹海外。即便法马尔之后还曾重返 NBA，但实力早已不胜当年。更悲催的是，2015 年 12 月他家中失窃，跟随湖人队拿下的两枚总冠军戒指也不翼而飞了。法马尔与湖人队的故事到此为止。

想要取得成功，自然离不开"禅师"。2010 年夏天，球迷们对湖人队是如此自信，也源于他的回归。拿下职业生涯第 11 枚冠军戒指后，"禅师"本已是身心俱疲，有心彻底解甲，归隐田园，回到蒙大拿的森林中颐养天年。但球迷们的召唤以及对于第三次王朝球队的殷切盼望，以及杰里·巴斯的女儿——珍妮·巴斯的无尽魅惑，最终令"禅师"决定重新回到洛杉矶。

湖人队上下，从球迷到管理层都希望能够创造历史，但"禅师"明白，想要创造历史谈何容易。从赛季开始后的第一天算起，这种难度就展露无遗。

MAMBA FOREVER

🐍 不满队友

"即使失败，我也要以我的方式走下去，用我的方式带领球队。这支球队要有我的气场，有我的坚毅，有我的斗志，有意志力和竞争精神。所以，最大的挑战就是我该如何将其灌输到队友们身上。也许有人会害怕触碰到这，但它的力量是如此强大，一旦他们掌握这个武器，潜力将不可限量。"

两连冠时期，湖人队内部最不缺乏的就是竞争，训练中，萨沙·武贾西奇就像保姆一样跟着科比。"把手拿开，训练时别碰我。"科比看着远方这样说道，随后，就是小小的一黑肘，而武贾西奇也不甘示弱，继续用身体顶着科比："好啊，走着瞧。"这强度听着有点大，但那两年对于湖人队来说训练就是打仗。

可到了 2010-2011 赛季，当球队重新集结，回到训练馆后科比发现一切都变了。这变化首先是他自己：2010 年 7 月，科比接受了膝盖手术，没有队医的许可他不能擅自回到球场做高强度的奔跑。

其次就是队友们，所以当队友们真枪实弹地演练的时候，科比只能陪着"禅师"坐在场边喝下午茶，有没有一种樱木花道被安西教练放在场边的即视感？很难得，科比又一次在整个夏天缺席了训练，上一次科比缺席训练发生在 2002-2003 赛季，那时候的事情大家已经知道——鹰县事件。没有科比的存在，湖人队的球员在场上如同放羊一般，懒懒散散，而这也给他们的新赛季前景蒙上了一层阴影。

"因为我不在场上了，有些人就觉得可以放假了。只因为我没有和他们一起训练，这些家伙就偷懒，这太让人失望了。"

"黑曼巴"虽然总是坐在场边，但他反而看得更明白了。

但这时候的科比可能并不知道，即使是在两连冠期间，尽管表面上是毕恭毕敬，但背地里队友们也没少说科比的坏话。在得到两枚总冠军戒指后，湖人队队员们有些飘飘然，球技没怎么见长，肉倒是长了不少，甚至有些队员认为自己已经是老资历了，有能力和科比平起平坐了。

这样的心态及做法，几乎在NBA的每支夺冠球队都发生过，之前的例子有2006—2007赛季的迈阿密热火队，之后的例子有2011—2012赛季的达拉斯独行侠队。这也能理解，你想，你在NBA可是冠军，一旦你站到了这个塔尖会产生什么样的错觉？所以说卫冕是万分艰难的事情，而想夺得王朝标志的三连冠简直是奇迹，比登天还难。这也是迈克尔·乔丹、"绿衫军"的伟大之处。

"他都坐在场下小半年了，凭什么一上场就对我大喊大叫？"一名匿名的湖人队球员对媒体说。

很多人猜测这个人是安德鲁·拜纳姆，因为之后湖人队用他去交易德怀特·霍华德，而被交易后的"小鲨鱼"便有一种"如释重负"的感觉。"我觉得科比在一开始的时候确实给了我很大帮助，因为他可以吸引大量的防守——科比可以吸引对手的双人包夹，这对于我来说很重要，这给我提供了足够的帮助。在此之后，我觉得自己能够更多地持球。所以我认为科比这样的打法阻碍了我的成长。"

当然，最终结果是，科比到退役的最后一刻仍然是湖人队老大，而拜纳姆呢，早就混到时尚圈，最终混到自己都不知道自己从哪儿来、要到哪儿去了。

尽管明着称兄道弟，背地里还不知道怎么瞎调侃，但湖人队终究是熬过了2010年夏天的训练营以及热身赛。

揭幕战的对手是休斯敦火箭队，因为这支球队在2009—2010赛季的季后赛首轮对湖人队制造了巨大麻烦。地点当然是斯台普斯中心了——科比·布莱恩特从大卫·斯特恩的手里接过了自己的第5枚总冠军戒指，这下子一只手总算是戴齐了，然后是感谢家人、球迷、队友、湖人队总经理，仪式虽然老套，但你可以看到科比的诚意。对于总冠军戒指，很多老字辈的湖人队球员都已经不再新鲜，最欣喜的就是罗恩·阿泰斯特——这是他的首冠。另一方面，科比能得到第5冠，他也是科比应该感谢的一个人。

揭幕战的过程可以说是湖人队在常规赛季的缩影，火箭队的姚明也是大伤之后复出，首战打得非常谨慎，但依然 6 犯离场，23 分钟里只得到 9 分、11 个篮板，而且身边也没有了特雷西·麦克格雷迪，但湖人队多数时间段落后，最多时落后 10 多分，只是凭借 18.8 秒的时候布莱克的关键三分球才得以险胜，比分是 112 ：110，并且要感激之后的火箭队两次投篮都不中。

一段插曲在此补上：将这场比赛也算进去，在 2010 － 2011 赛季打了 5 场比赛后，姚明因为再次受伤而结束了 NBA 赛场的征战，年仅 30 岁 59 天。

再说湖人队的常规赛季，开局阶段"小鲨鱼"便因伤错过了前 24 场，但依靠科比、大加索尔和奥多姆的高效，再加上宽松赛程，不出意料，赛季开始后湖人队还是取得了 8 连胜，2 连败后又是 5 连胜，牢牢占据着西部联盟第二的位置，排在首位的是圣安东尼奥马刺队，12 连胜过后又是 10 连胜。

因为夏天动过手术，科比的出场时间第一次排在大加索尔后面，但威力却是巨大，11 月 3 日对阵萨克拉门托国王队的比赛中更是砍下了大号三双——30 分、10 个篮板、12 次助攻。看到科比还是那个科比，湖人队球迷欣慰不已。

但湖人队的这种惬意有些短暂，休赛期准备工作不足的弊端很快就暴露了出来，11 月 26 日，他们便迎来了 4 连败。于是，12 月 15 日，尽管此时的湖人队处于 5 连胜的过程中，他们还是将基本失去了上场机会的萨沙·武贾西奇送到了新泽西篮网队，与先期抵达的乔丹·法马尔搭档去了。比较凄惨的是，这位斯洛文尼亚人当时已经与网坛头号美女玛丽亚·莎拉波娃在洛杉矶购房同居，并于 10 月 22 日正式订婚。

两年后，这段婚姻以分手而告终，女方给出的理由是参加职业化比赛决定他们聚少离多，但他们之间依然是好朋友。这种的理由，在体育圈与娱乐圈比比皆是，至今也不知道如果没有这笔交易，事情会不会改变。武贾西奇与"紫金军团"的故事也到此结束了，他是幸运的，手中握有两枚总冠军戒指。

在过去的三个赛季，湖人队都进了总决赛，常规赛季和季后赛相加，单赛季打的比赛最少的也有103场，这期间一些成员尤其是科比、大加索尔、奥多姆这样的核心球员还要参加奥运会、欧锦赛之类的比赛，繁重的赛程终于把他们给累坏了。上面提及的4连败，你能相信保罗·加索尔竟然被罗伊·希伯特给打爆了？"黑姚明"13投9中，得到24分、12个篮板、6次助攻，而大加索尔则是15投5中，得到13分、12个篮板、3次助攻，尽管科比33中14狂砍41分，湖人队还是输了。

再看看大加索尔在总决赛结束后的经历吧，9月22日，本来打算休整的他终究是去了波兰，率领西班牙队夺得欧锦赛冠军；之后便是湖人队的常规赛季，40分钟、40分钟、35分钟、29分钟、44分钟、44分钟……到这波4连败，大加索尔，一名大前锋，居然有11场比赛的上场时间达到了"40+"！

大加索尔那段时间确实有些低迷，但有媒体称，这种低迷源于他和科比的不和更确切地来说，是加索尔女友和瓦妮莎之间的不和。尽管科比和大加索尔对这样的传闻嗤之以鼻，但有这样的新闻传出，湖人队的更衣室还是有一种怪怪的感觉。我觉得至少我是嗅到了。

对决詹姆斯

不管怎么说，冠军就是冠军，没过多久，他们就渡过了难关。安德鲁·拜纳姆于 12 月 14 日重新回到了球队，尽管因为伤愈复出需要慢热而表现平平，7 分 4 个篮板、7 分 4 个篮板、3 分 5 个篮板、3 分 4 个篮板、16 分 7 个篮板、6 分 3 个篮板、6 分 5 个篮板，但一座黑塔往篮底一站，还是挺吓人的。湖人队像是打了鸡血，又回正轨了，只是似乎圣安东尼奥马刺队总是跑得更快。

马上就是万众期待的圣诞大战了，2010 年 12 月 25 日在主场的对手是迈阿密热火队，"勒布朗·詹姆斯 + 德怀恩·韦德 + 克里斯·波什"，按照推测，这是总决赛的预演，也是对于双方实力的一块试金石。

谁也没有想到的是，广告、海报、预告片都已经准备好了，本来期待是一场好莱坞大片的水准，但到了比赛当天，人们却有种上当受骗的感觉，首节湖人队只得到了 14 分。而纵观全场比赛，则是科比打铁结束、加索尔继续来打铁，"湖人队双核"似乎铁了心要为洛杉矶的"建材事业"做贡献。而热火队这边，三巨头合砍 69 分，湖人队球迷一看这阵势，心一下子就凉了大半截。

"我们的对手远比我们重视比赛。"科比赛后说道，"我不喜欢我们现在的比赛态度，说不上沮丧，但有些失望。"

湖人队的精神状态确实不好，之后，球队虽然收获了一波 7 连胜，但爆冷输给鱼腩球队的克利夫兰骑士队，还是让人不得不为这支球队有所担忧。要知道，在 2010–2011 赛季，骑士队没有了詹姆斯，在战胜湖人队之前他们一共才得到了 9 场胜利。

2010 年的全明星周末在洛杉矶举行，2 月 18 日，科比成为第一位在好莱坞大道留下脚印和手印的球员，而他主演的微电影《科比就是黑曼巴》也在这时候上映。

谁都知道科比的个性，当后方编辑们制作"勒布朗·詹姆斯 VS 科比·布莱恩特"的专题时，我在现场的实地采访却告诉每个记者，科比必拿全明星赛 MVP——在家门口举办全明星周末，这很可能是科比职业生涯的最后一次。作为东道主，科比西部明星队的队友们也给足了面子，全场他狂砍 37 分 14 个篮板，带领西部全明星队取得了胜利，并赢得了自己的第 4 座全明星赛 MVP。

对此，连韦德都赞不绝口："那是我见过科比打得最为卖力的一次，或许那是他最后一次在洛杉矶参加全明星赛。"当时的解读是："闪电侠"在赞扬的同时也有些嘲讽的意味。

这并非羡慕嫉妒恨，事实上，相比科比一上场便当仁不让的疯狂出手，拿下三双 29 分、12 个篮板、10 次助攻的詹姆斯除了偶尔与他较劲，似乎是刻意要等到最后两分钟才认真玩儿，只是，这次玩大了，最终以 143 ： 148 输盘。

在我看来，科比但逢詹姆斯就如此玩命是有深刻原因的，因为我对詹姆斯身处的城市环境还算了解。

之前写到过克利夫兰，更像是中国的某个县城小镇。克利夫兰骑士队的主场速贷中心位于市中心，不过，与全美各大城市一样，市中心往往是非洲裔美国人与流浪汉的聚集区。大街上偶尔走过几个衣衫褴褛的非洲裔美国人，见人就伸手喊上一句："Can you help me out？"（注："你能帮帮我吗？"）好在，他们被拒绝后也不在意，继续低着头向前走。

前面说过这座城市的冬天很冷。抵达后，为了熟悉克利夫兰的市容，我次日刚过中午就出发了。上出租车后，我跟开车的非洲裔美国人说把我送到市中心的任何地方都行，他说："你是来旅游的吧？那我把你放河边吧。"克利夫兰市中心有条大河，这河与圣安东尼奥那条市中心的河不是一个风格：后者是围城一周的小河，以美著称；前者则是承载了运输功能的大河，各式货轮行驶其中，还挺壮观。

沿着河走，看到一幅巨大的招贴画——勒布朗·詹姆斯，画上还写着"你我都是见证者"。

这是耐克为他量身定做的一句广告语，意为勒布朗·詹姆斯打球太牛了，快来看吧，看完了你我就都是他的见证者了。在赞助商眼里，2005年的詹姆斯已在超越科比了，这观点他们不用嘴说，而是用手中的钞票来说。

这样的广告牌最该出现在什么地方呢？一转头，速贷中心就出现在眼前。这个球场的前身叫甘德体育馆，2004年被一家名为速贷的贷款公司买下后就改叫这名了。左右看看，这冷飕飕的克利夫兰也没什么逛的，于是，找到媒体入口钻进去，在媒体工作室的桌子上趴了5个小时，静待比赛开始。

从球员出场介绍就看得出，非洲裔美国人之城果然有它的特点：火爆、热烈、狂热，这个速贷中心比印第安纳步行者队的主场疯狂不止10倍。我心中不免感叹，都是中部小城市，哪来如此大的差异！显然，原因是勒布朗·詹姆斯。

再看现场报分员、主持人、球迷，每个环节都不是步行者队主场能比的。换句话说，如果你不是步行者队球迷，你在他们的主场里感受不到任何东西；但即使你不是骑士队的拥趸，置身这个球场仍会让你血脉偾张。有人愿意掏钱包装，当然也是因为——勒布朗·詹姆斯。

"球队、球迷甚至这个城市的每一个成员，要的就是一场季后赛。"克利夫兰骑士队的公关总管当时便对我说，"已经8年了，今年应该可以熬出头了。你看看这阵容，你再看看他们打球的气势……"当然，之后的事情大家都知道了：我首次去克利夫兰的第2年，亦即2005-2006赛季，骑士队便在詹姆斯的带领下打进了季后赛，2006-2007赛季还打进了总决赛，并且，一直都对科比·布莱恩特造成巨大的心理压力。

只是后来他终于受不了克利夫兰这座寒冷又贫穷的城市总不为他配备强劲火力，于是投奔了温暖而湿润的海滩如画的迈阿密热火队，现在，这可是在"黑曼巴"的家门口示威来了。

他们的较劲终于在 2010 - 2011 赛季达到了巅峰，因为都有构想总决赛的"24 VS 361"，圣诞大战是揭幕，全明星赛是开头，好戏还在后头呢。至少剧本是这么写的，如何演就是演员的事情了。

借着这股子劲儿，科比·布莱恩特率领的洛杉矶湖人队如同是重新注入了动力一般，8 连胜傲视群雄，就连当时联盟第一的马刺队也被斩落马下。但在第 9 场，客场面对迈阿密热火队的比赛中，却是第 2 次败北。本来这只是一场普通的常规赛，即便是输球，大部分球员顶多赛后看看数据，看看录像什么的，但科比却在赛后吓倒众人。

当客队的更衣室对外开放时，一拥而入的媒体却发现科比已经坐在自己的更衣柜前，没有洗澡，没有换衣服，只是静静地坐在那里。

"我已经准备好了。"科比示意记者们开始提问，脸上竟然带着一丝微笑。

简短的采访结束后，科比没有去洗澡间，而是径直走出了客队更衣室，然后居然又回到了球场！

"你要干什么？"追出来的记者问。

"我自己玩玩。"科比说着就拿着篮球投了起来。

这一投，就是 1 个多小时。

科比的这个举动把美航中心的工作人员可吓着了，没人能想到比赛结束后还能再次见到科比练球，于是，他们纷纷拿出手机站在场外给科比照相，就连热火队主帅埃里克·斯波尔斯特拉都从更衣室出来看热闹。科比也不在乎旁人诧异的目光，依旧叫工作人员为他传球，然后一个点一个点地投。

我的老熟人、洛杉矶湖人队的随队记者凯文·丁也在现场，他说，这是他 10 多年来第一次看到这样的情况；迈阿密的当地记者也说，虽然以前也有球员这么干过，但客队球员这么干还是头一回。

记者们对科比的这一举动自然是大感兴趣，纷纷拍图拍视频留念，甚至他们还在社交媒体上搞起了图文直播。不管怎么说，今晚的重磅新闻又多了一条——靠着科比他们才有了这份工作。不过美航中心的工作人员就没这么开心了："8 年了，我头一回碰到这事。"从球童到照明甚至到浴室工作人员都在等着科比。"科比，回家吧！"老大爷是熬不过科比的——他的训练熬到深夜，当工作人员告诉科比要关门了，他这才停了下来。

"我不满意我今天的投篮，明天是周六，还是在路上，我想今天再练练，把手感找回来。"打了将近 3 个小时比赛，科比除了身上有汗，看不出任何疲惫。

"我可从来没在赛后再进到场里去练过球。"当第二天训练后有记者问保罗·加索尔对科比赛后加练一事的看法时他说，"我不能说这是疯狂的行为，不过我从来没这么做过。"

话虽如此，但有人第二天却在湖人队下榻酒店的健身房里看到了加练力量的大加索尔——看来，他还是受到了科比的感染。

连续两次输给勒布朗·詹姆斯的球队，越来越多的人表示，现在联盟的第一人不再属于科比·布莱恩特，但"黑曼巴"才不会这样轻易认输呢。

▼ 科比的疯狂

科比在尽其所能地帮助湖人队赢球，或是进攻，或是防守。2011年3月4日迎战夏洛特山猫队之前，湖人队与山猫队最近的10次交锋输了8次，最近的一次就在20天前，竟然客场惨败给对手20分。

"报仇，我们必须报仇！"拜纳姆在客场大胜明尼苏达森林狼队后就信誓旦旦地说，"现在是'猎猫时间'了！"

科比什么也没说。

但在比赛开始后，科比就用实际行动告诉队友，复仇不是只用嘴说。与科比对位的是杰拉德·亨德森，上次在夏洛特交锋时，亨德森替补出场在科比面前9投6中，拿到18分；这次，科比用密不透风的防守令他11投3中，只得到7分，仅有的3次命中，其中有两次还是在科比下场休息时发生的。"我真的尽力了。"赛后亨德森在客队更衣室里满头大汗地接受采访，"但他是科比，我还能做什么？"

科比打了三节便拿到27分，早早率队奠定胜势，第4节在场边休息。"我想用我的行动告诉队友，这场比赛我们必须拿下。"赛后，科比坐在自己的更衣柜前，肩膀上披着一条白毛巾，说道："与上次的那场比赛相比，今晚我们打得侵略性十足。"

随着这波8连胜的到来，科比也迎来了自己的"疯狂三月"。2011年3月12日，客场对阵达拉斯独行侠队，拖着受伤的脚踝，科比末节独砍10分拿下比赛；3月22日主场面对菲尼克斯太阳队，科比苦战3个加时赛，狂砍42分、12个篮板、9次助攻，艰难地拿下了胜利。

"你累吗？"在里三层外三层的媒体包围圈里，根本不知道是谁问的这么一句话。湖人队需要3个加时才拿下太阳队，7点半开始的比赛打到了将近11点。技术统计上写着科比在场上打了48分钟，然而那是比赛时间，如果换算成实际时间，差不多两个半小时。

"你问我还是我们？我不累，我感觉挺好。我们是冠军，我们的顽强劲头不比任何队差。我们不停地战斗，对这支球队来说，这已经不是什么新鲜事了。"

这话，科比想都没想便脱口而出。面对太阳队最好的外线防守者格兰特·希尔，科比的每次出手都相当困难，当第 3 个加时赛打到还剩 2 分 19 秒的时候，科比终于"骗"到了老希尔的第 6 次犯规，当时湖人队还落后太阳队 2 分——希尔的 6 犯离场也算比赛的转折点之一。

"我觉得格兰特今天对科比的防守已经到了不能再好的地步。"太阳队主帅阿尔文·金特里赛后说，"然而他是科比，他仍然拿到了 42 分。不过，这 42 分没有 1 分是轻松拿到的。"

在 2010–2011 赛季，湖人队开始感受到来自同城对手洛杉矶快船队的压力。之前，湖人队是永远的洛杉矶之王，这个赛季快船队依然是鱼腩，但有两点令同城的竞争对手担忧——一是新来的主教练文尼·德尔尼格罗，二是因伤推迟一个赛季在 NBA 正式比赛中亮相的布莱克·格里芬的出色表现，他不仅能得分，而且以各种不可思议的扣篮震惊了世界。现在，湖人队不再是洛杉矶篮球的唯一话题了。2011 年 3 月 25 日，双方的"洛杉矶德比"引人瞩目，结果，科比砍下 37 分、4 个篮板、6 次助攻，带领湖人队以 112 ：104 取胜。在这场比赛中，"老鱼"与对方中锋克里斯·卡曼发生了冲突，卡曼发出狠话。"他说赛后在停车场等着我。"赛后的"老鱼"不以为然，"等我干吗？无非就是想跟我再打一架呗。"

卡曼赛后拒绝采访，费舍尔也没有讲太多，所以记者们迫切想从科比那里得到他对于这件事情的看法。

"你在联盟的这些年里，遇到过球员之间说赛后场外见（接着打架）这样的事吗？"

"我知道有这样的事，但我没遇见过。"科比先是不屑地笑了笑，然后把话题转到卡曼与费舍尔的冲突上，"但卡曼？他那纯粹是扯淡。"

"你的意思是卡曼不会真的在停车场外等着德里克？"有记者接着问。

"等着他干吗？找把弓箭射死德里克？"科比越说表情越不屑，"饶了我吧，就他？我跟你们说吧，这个联盟里的人说话都跟硬汉似的，其实呢，没人敢玩儿真的。"科比一边说，一边把眼睛眯成一条缝，歪着头表示自己的蔑视。

科比不能说多了解卡曼，但他特别了解"老鱼"，所以赛后他才能稳稳当当站在更衣室里接受采访，而不用像马特·巴恩斯一样当回事似的要保护费舍尔，尽管日后巴恩斯与费舍尔之间的故事出人意料，但当时的保护是真的像是那么回事。科比不同，在湖人队与"老鱼"关系最近，比赛间的休息时间与"老鱼"经常坐在一起，知道这个老家伙什么时候需要保护，什么时候不需要。

比赛外的时间科比上电视访谈，"老鱼"也去做观众，在节目里给科比惊喜，当"老鱼"在夏天还没有续约时，科比就在电视节目里说："他哪里也不会去。"相当于替湖人队管理层定了调子，续也得续，不续也得续，没有其他选择。

而在赛后，当有人质疑最后时刻费舍尔罚丢了3个球的时候，像离开球队的萨沙·武贾西奇，关键时刻掉链子，这下子科比可不太高兴了："你错了，萨沙会掉链子，但德里克绝对不会，他在场上一直都很顽强，他是队里需要的人。"科比此话一出，让问问题的记者自觉有些尴尬，科比还特别解释了一遍："拉塞尔·韦斯布鲁克、德里克·罗斯，他们固然很好，但是，那不是我们这样的球队需要的。我们有自己的化学作用，就像一盘棋，每个人都是棋子，都有自己的作用，这些组成了我们现在这支球队。"科比的辩护结束了，言外之意，谁也没有"老鱼"好。

除了费舍尔与卡曼的事情，赢了快船队后的科比心情好得出奇。他很快就将这种好心情直接写在脸上。这让媒体的问题一个接着一个——一般来说，各式各样的问题也都趁着科比心情好的时候接踵而来。我这才发现，让科比不屑一顾的还不只克里斯·卡曼，人见人爱的布莱克·格里芬也在其列倒是出乎我的意料。

"说句实话，你觉得布莱克·格里芬那记横贯全场的空中接力怎么样？"一哥们儿针对上半场莫·威廉姆斯在后场给格里芬扔的一个空中接力问科比。

"我不爱看，没意思。"科比摇着头，有点木讷地回答。

"嘿，你不可能看到那样的扣篮都无动于衷吧？"刚才提问的记者继续发难。

"我说了，我真不爱看，如果是香侬·布朗或者罗恩·阿泰斯特他们扣篮我还挺爱看。"科比继续坚持，"他（注：布莱克·格里芬）扣的我不爱看。"

"可你最近可没做这样的空中接力了哦？"看到科比并没有不耐烦的意思，这哥们儿不依不饶了，"难道你觉得布莱克扣的那个还不够好？"

"他扣得很不错。"科比这次终于松口了，但马上口风又转了回去，"但这又不是全明星赛，玩什么超远的空中接力呀？我们（注：洛杉矶湖人队）早不玩儿这个了。"

常规赛季结束，最终湖人队的战绩是和上个赛季一模一样的57胜25负，排西部第二。但不好的信息是，赛季末段他们一度遭遇5连败，而科比又受到各种伤病的折磨，这支球队疲态尽显。

受困伤病，科比33.9分钟的出场时间是13个赛季以来最少的，但场均砍下25.3分的他还是入选了最佳阵容第一队，还有最佳防守阵容第一队。除此之外，整个2010-2011赛季科比还在不断刷新着各种队史纪录，最为耀眼的是：

3月8日对阵亚特兰大老鹰队的比赛中，他职业生涯总得分超越了摩西·马龙，在NBA得分榜上排第六位。

MAMBA
FOREVER

梦碎达拉斯

　　季后赛如期而至，常规赛取得西部第二的湖人队首轮遭遇到了克里斯·保罗率领的新奥尔良黄蜂队，首战，黄蜂队便从湖人队主场偷走了1场胜利，比分是109∶101。

　　不过，这次输了首战的科比反而没有我想象中的那么激动或者愤怒，赛后非常平静地第一时间称赞起对手的表现："他们（注：新奥尔良黄蜂队）为首战做了很多准备，场上表现非常好，也许我们之前击败他们这件事激励了他们。"

　　科比自己得到了34分，却依旧无力阻止湖人队输掉重要的揭幕战。大加索尔的疲软虽然是输球的最重要原因，但赛后科比仍然在发布会上帮他说话，帮湖人队内线说话。他没有提之前两次夺冠时的打球态度，他甚至没有生气。"保罗·加索尔是我们队里最重要的球员之一，"科比一字一顿地说，"他是我们队里进攻的第二选择，所以责任与负担也自然会随之而来。不过我对他有信心，他会在下一场反弹的。"这时候，谁都没有发现一个严重问题，常规赛季每场打37.0分钟并且打满82场比赛的大加索尔累了，很累了。揭幕战尽管有6个篮板、6次助攻，但自己的直接进攻却是9投2中，只有8分，显然与巨星的水准不相符。

　　拉马尔·奥多姆获得了最佳第六人的荣誉，颁奖仪式就安排在湖人队的训练之后，采访之后科比赶着要去参加颁奖仪式，而就在他离开训练场之前，居然有媒体问他今后会不会考虑竞争最佳第六人，此言一出，科比就露出一副吃惊的表情，他还没等问题问完，连连摇头说："不，不会。"马上转头回答其他人的提问。不过，说实话，我真的很佩服这老兄，不知他从什么地方看到过历史上有哪位科比这种级别的巨星会在生涯末期去打第六人。

　　我们记者也得跟着赶时间，采访是不能落下的。在颁奖典礼上，"黑曼巴"与德里克·费舍尔、比尔·沃顿坐在一起，三个人不时地低头耳语，然后笑作一团。

来给奥多姆捧场，科比格外兴奋，在他的煽动下，大家集体给奥多姆出难题，问他："科比当年拿 MVP 的时候给队友们买了手表，你会送大家什么？"

好在奥多姆混好莱坞见多识广，想都不想就说："送大家我新出的香水怎么样？"

此话一出，科比笑得直拍大腿。能在主场输球后还有如此好的心态，以我的经验看，科比对拿下第 2 场已有了绝对信心。果然，随后湖人队连扳两场，尽管第 2 场大加索尔依然低迷，甚至降到了 8 分、5 个篮板、1 次助攻；但第 3 战他开始复苏，上升到 17 分、10 个篮板、4 次助攻。在这里，得补叙黄蜂队这支球队，大家都知道克里斯·保罗的能耐，现在，他身边有了与湖人队心有芥蒂的特雷沃·阿里扎以及大卫·韦斯特、埃米卡·奥卡福等悍将，委实不好对付。

但对于湖人队，对手是一方面，另一方面，正当他们重新找回往日势头的时候，科比却在第 4 场扭伤了脚踝，因此又被黄蜂队携主场之势以 93 : 88 拿下，总比分是 2 : 2。对于科比的脚踝伤势，湖人队队医建议他休养，但科比哪能坐得住？第 5 场他继续披挂上阵，直落两局，力保湖人队有惊无险地过关。

在我看来，与黄蜂队的天王山之战是科比在首轮的最佳表演，带伤上阵的他奉送了两记势大力沉的暴扣，极大地鼓舞了士气。

"其实我这两次扣篮并不是要传递给对手什么信息，"科比赛后坐在发布会的桌子后面两手交叉着说，"我是想给我的队友们传达一个信息：这场比赛至关重要，我们必须打得格外强硬。"

"那两次扣篮确实点燃了球迷的热情，"赛后的"禅师"也说，"而且让他自己也越打越兴奋。他虽然什么都没说，但我知道他是想用那两记扣篮证明什么。"

西部半决赛，与达拉斯独行侠队狭路相逢，常规赛两队战绩相同，但湖人队在相互战绩方面占优，最终取得主场优势。不知大家是否记得，科比的许多成就都是建立在达拉斯的痛苦之上的，比如说三节狂砍62分，再比如说30分的大逆转……趁此机会，我也说说达拉斯这座城市以及独行侠队是如何不动声色走到今天，最终击败强大的迈阿密热火队而夺冠的。

达拉斯是座什么样的城市？这个问题，一度让我有些困惑。有些美国的城市我很有好感，比如休斯敦与迈阿密；有些我全无好感，比如波士顿与布鲁克林；想起达拉斯，我却找不到任何感觉，没有好感，也没有反感。

我第一次去达拉斯是2010年全明星赛期间。2010年全明星赛的主办城市达拉斯打出奇招，启用NFL豪强达拉斯牛仔队的橄榄球场承办。虽然新鲜，但现场效果却不能算太好。其中，一个主要原因是平常篮球比赛的场馆规模一般能容纳两万人，突然换到能容纳八万人的体育场里，虽然球票收入暴增，但场馆的聚音能力却减。这让本该气氛热烈、人声鼎沸的一场篮球赛显得有些冷清，由于球场太大的缘故，八万球迷造出的声势反不及两万球迷时的热闹，所以，这个创意之后不再使用。

不过，从这件事情看，达拉斯人有创意，所以NBA有老尼尔森这样的"疯狂科学家"，在德克·诺维茨基这样的球场另类，中锋练外线，而且还打过组织后卫——是的，被老尼尔森逼的。

我甚至觉得，达拉斯的天气也很有创意，尽管2010年全明星赛正值冬季，但达拉斯这座气候如中国广州的城市却下起了暴雪，这还是令我意外。据说这场暴雪创造了很多历史，震惊了世界，甚至差点儿令全明星周末取消，也让我的航班不断延期。本计划全明星周末前一天到达，结果一连耽误了3天，直到全明星赛正赛当天下午才勉强赶到。到现在我还记得，飞机在漫天大雪中降落在达拉斯国际机场后，所有乘客齐声欢呼的景象。但对于我，由于我常年住在阳光普照的洛杉矶，当时达拉斯给我的感觉是一座寒风刺骨、冷如冰窖的城市。

达拉斯，这样一座创意无限的城市；独行侠队，这样一支球队如果有人能稍微拉一把，可是不得了。这人，第一个就是里克·卡莱尔，第二个就是贾森·基德，他来了之后，独行侠队的战术就是绕着贾森·基德打。一年磨合，两年蜕变，当 2010—2011 赛季迈阿密热火队风生水起、芝加哥公牛队异军突起、洛杉矶湖人队雄霸天下、圣安东尼奥马刺队所向披靡的时候，他们悄然发兵，一路杀到西部半决赛与洛杉矶湖人队面对面了——到这时候，还没人把他们太当回事。

在系列赛开始前科比心情很不错，在更衣室与我们一群记者插科打诨。"他们（注：达拉斯独行侠队）是一支冠军级别的球队吗？他们当然是。"这应该是科比能给独行侠队的最高评价了，"如果不是马刺队在常规赛一枝独秀，那现在达拉斯排在西部第一我也不吃惊。"但我观察，他好像说这话的时候并不是特别认真，更多的是外交辞令。

那天，科比身穿一件印有"耐克篮球"字样的黑色 T 恤，显得格外放松。正因如此，我们提的问题也开始变得五花八门起来，第一个难题就从这件 T 恤开始了。"科比，你有没有马特·巴恩斯和罗恩·阿泰斯特的那件 T 恤？"一个常年跟队的记者问。他指的是常规赛湖人队主场与达拉斯独行侠队发生冲突后，巴恩斯自制并发行的那件黑色 T 恤。T 恤正面是阿泰斯特与巴恩斯一人一半脸拼在一起的组合，上下配着一句针对独行侠队的话：如果罗恩·阿泰斯特没有先杀死你，马特·巴恩斯也会杀死你！

"什么？你问我自己有没有那件 T 恤？"科比有点怀疑自己的耳朵，"你是在跟我开玩笑还是真的问我？"

看到对方是认真的，科比无奈地笑了，翻了翻眼睛说："我还真没有。"

"那你觉得那件 T 恤怎么样？"这位记者依然不依不饶。

"我觉得……我觉得……"科比有点结巴，罕见地露出了憨憨的表情，"我觉得很有趣，很好看……"

一片哄笑声中，科比再次无奈地笑了起来，表示不能理解有人会在正式的训练采访中问他这样的问题。直到将近 6 分钟的采访快结束的时候，一看那位记者又要提问，科比马上开玩笑说："不会还是关于那件 T 恤的后续问题吧？"在得到否定的回答后才让他开始发问。

"科比，现在想想如果常规赛打国王队时你没投进那记扳平比分的三分球，你们现在对独行侠队就没有主场优势了。你现在回想一下感觉到那球的重大意义了吗？"

面对这个废话一样的问题，科比这次想都没想就脱口而出："没感觉到。我可是仔细琢磨后才回答你的哦，就像回答你的 T 恤问题时一样。没感觉到！"

首场比赛在斯台普斯中心打响，第 3 节比赛主队一度领先对手 16 分，但最终惨遭独行侠队逆转。

第 2 场比赛安德鲁·拜纳姆在赛前曝出湖人队内部存在信任危机的敏感话题，结果是全队士气大跌，再败一局。不过，话题归话题，但第 1 场是科比 36 分，大加索尔 16 分、11 个篮板、7 次助攻，奥多姆 15 分、12 个篮板，第 2 场则是科比 23 分，大加索尔 13 分、10 个篮板，也不太失常。倒是主动爆料的拜纳姆反差很大，爆料前是 8 分、5 个篮板，爆料后是 18 分、13 个篮板，似乎是他得到信任了。

第 3 场比赛移师客场，就在达拉斯的美航中心，带着不祥预感，我第 2 次来到这座城市，吃到了令我欣喜的中国盒饭。只是，湖人队情势如此危急，正所谓"日久生情"，跟队跟得时间长了，也对湖人队有了感情，没时间顾及场外生活。说回这场比赛，第 3 节结束的时候湖人队仍然领先对手 6 分，但末节比赛他们却惨遭对手翻盘，兵败如山倒。不过，这时候的热点太多，大家都没注意到达拉斯是翻盘高手。

"我脑子可能有病。我大概疯了，但是我到现在还认为我们能赢下这个系列赛呢。"科比在 0：3 之后说。他的语气让台下的我们觉得他确实是疯了，因为他说得特别轻松，没有急眼，没有愤怒，没有以往季后赛输球后一定写在他脸上的那种怒火。

"NBA 的历史上还没人做到过从 0 ：3 落后最终赢下系列赛，"台下有记者马上接过科比的话问，"你哪来的信心？"

"我不知道，"科比竟然笑了起来，摇着头说，"因为我疯了吧？哈哈……"

这么多年以来，这是我第一次看见科比在季后赛里如此大笑。之前，每年季后赛，一开始科比的情绪都会主宰着新闻发布会的气氛，他想说就说几句，不想说时就干脆送给你一个"No"了事。然而，此时此刻，面对如此尴尬的境地，台上的科比反倒显得平静、释然，他坐在上面用左手托着下巴，静静地等待着台下一个又一个的问题抛出，解释，之后是继续解释——此刻的科比只想让大家明白，同时也让自己明白：

这轮系列赛，湖人队还没有出局。

然而，到第 4 场比赛，湖人队实际上已经是回天乏术。这些年来，贵为"皇族"的湖人队众将哪里受到过这样的侮辱，结果，这场比赛奥多姆、拜纳姆先后出现恶意犯规，拜纳姆甚至被联盟宣布禁赛 5 场。看到如此豪华的湖人队有这样的表现，"魔术师"直接用了一个词去形容，那就是：恶心。

湖人队出局，作为一名 NBA 记者，我的采访还要继续。不仅如此，我还得搬到达拉斯短住，因为这支到此时还不显眼的球队随后又淘汰了俄克拉荷马城雷霆队而进入总决赛，然后又以"下狗"的低姿态击败不可一世的迈阿密热火队，夺得球队历史上的第 1 座总冠军奖杯，但总冠军不是湖人队的。

我之前说到这座城市有创意和寒冷，现在又得说说这座城市的热了——又热又闷的 6 月，感觉是我经历过的所有夏天中最难受的一次，让我很难想象一个冬天能冷到那种地步的城市，夏天里会如此闷热难耐——这种冷热反差就连我的家乡北京也有所不及。

总结 2010-2011 赛季的季后赛，科比场均只能拿下 23.0 分，是 1999-2000 赛季过后的最低值。可见，上个赛季的休赛期没有系统地进行训练，再加上膝盖伤病，还是给科比带来了很大影响，由于膝伤，科比不得不经常缺席球队的训练。

科比并不否认自己缺席训练影响了球队的默契。在湖人队出局前，大家都不说什么；而在出局后，他不参加训练便成为外界批判的一大话题，说什么科比影响了湖人队的化学作用，说科比会就此一蹶不振，云云。对这些，科比嗤之以鼻。

"就好像家里老大不在，其他人就可以随意弄乱家里的玩具和其他东西。因为我不在那盯着你。我很伤心，因为我不能每天都与他们一起训练。并且我也听有的人说'因为科比不来训练，这使球队在场上很难找到韵律'，这一点我可以理解。但说因为我不在场其他人就可以偷懒，这个我理解不了。"

由于球队的整体年龄偏大，科比认为提早进入假期对于球队来说反而是件好事。"这样，有的人就可以趁这段时间好好休息，而有的人则可以好好训练。"他说，"每个人的自身情况不同，我相信通过如此长的一个假期，我们会在下个赛季开始前做好准备的，无论是精神上还是身体上。"

由于在季后赛第 2 轮就被独行侠队横扫出局，众多媒体专家都表示湖人队需要在 2011 年夏天进行大手术。但科比对此却有着截然相反的观点。"我们现在需要做的就是重新集中精神，然后把身体休息好。""我们明年能继续冲击总冠军吗？当然可以，我对此信心十足。"他一本正经地说。

不过和失利相比，湖人队球员间复杂的关系才更让人感到着急。季后赛期间的保罗·加索尔表现糟糕，受到了媒体的一片口诛笔伐。湖人队随队记者凯文·丁当时曾报道称，西部半决赛，当湖人队身处困境的时候，两大巨星关系恶化。

　　还有媒体报道称，当时的大加索尔和女友分手而导致他在系列赛中状态全无；而更狗血的则是，有消息称，女友之所以选择离开大加索尔，是因为受到了"某位湖人队队友妻子"的挑唆。对此，大加索尔相当不爽，甚至直接找这位队友兴师问罪，导致两人关系破裂，场上形同陌路。而这些也和拜纳姆所宣称的"队内缺乏信任"的言论不谋而合。

　　对于这样的消息，尽管科比和大加索尔都极力否认，但洛杉矶的媒体似乎笃定瓦妮莎在这件事中扮演了关键角色。当然，这剧情还不是最狗血的，之后又有媒体报道称，大加索尔状态不佳，是因为女友和香侬·布朗有染，两人在更衣室中甚至爆发了激烈争吵。这样的狗血剧，在 NBA 遍地开花，尤其是当一支球队走到绝境甚至是面临死亡的时候，每个赛季都会发生，最典型的就是詹姆斯与德隆特·韦斯特之间的"友妈门事件"，这里就不过多叙述了。至于眼前的这支湖人队，大加索尔的女友究竟干了些什么已经不重要了，重要的是 2010–2011 赛季的结局太惨淡了。

而最惨淡的还在后头——"禅师"结束了他的最后一次执教。

　　本想用三连冠收场，但最终却惹来一身腥。"不瞒你们说，很高兴这个赛季结束了，我不曾执教过像这样的一支球队。没错，我该退休了，该做的我都做了，是时候说再见了。"

　　"我会很想念菲尔·杰克逊的，因为我再也不能在球队的飞机上与他聊天了，"科比说到这里时略显无奈地摇了摇头，"以前我们俩可以都坐在飞机过道的两侧，一路下来说很多的话——无论是关于篮球还是人生，但现在这些都不可能再发生了。"

　　我对"禅师"并没有特别的好感，但当他离开的时候，我知道这会意味着什么，王朝终有落寞时，而湖人队这艘巨轮，从此时此刻起真正地开始走向了沉沦。

否决布莱恩·肖

2010-2011赛季的总冠军终归达拉斯独行侠队，勒布朗·詹姆斯转投迈阿密热火队也是被当头一棒，这次的沮丧与挫折，并不比科比来得轻。不过，与科比最大的竞争对手不同，当迈阿密的三巨头还在浴血奋战的时候，"黑曼巴"的假期便已经开始了。对科比而言，这是把计划全打乱了，他已经有些年头没碰到如此漫长的假期，第2轮被横扫，一下子都不知道这个夏天该怎么安排，只好想方设法给自己找事情做，和瓦妮莎一起搞基金会，开始了全球的各种"商演"；此外，他还抽空前往德国治疗他的脚踝和膝盖。

和科比相比，他的队友们就显得生活悠闲、时间充裕。罗恩·阿泰斯特开始了他的改名之旅，他向洛杉矶法院申请，改名为"慈世平"，法院答应了他的申请，新赛季开始后，这几个大字印在了湖人队37号球员的球衣上面，不过，没人会真正认为他真要改邪归正了。话说回来，以我和他的交往，我觉得他也并没做什么坏事，相反很可爱；当然在奥本山宫殿球馆的群殴除外，那时我也并不认识他。

科比可不关心慈世平怎么折腾，反正，新赛季你还是得回来给我打下手。科比更关心的是湖人队的帅位，"禅师"这一走，主教练的位置就空缺了，科比、费舍尔等功勋老臣都希望布莱恩·肖接手，杰里·巴斯的没领结婚证的女婿菲尔·杰克逊也极力推荐，但湖人队高层显然已经有了自己的想法。一番装模作样，杰里·巴斯还是面试了布莱恩·肖，但到了5月底，却出人意料地宣布骑士队前主帅迈克·布朗成为球队新主帅，合同是4年1825万美元。

从执教履历来看，布朗在克利夫兰的5个赛季还算是中规中矩，常规赛季的胜率达66.3%，季后赛的胜率为59.1%，2006-2007赛季他曾带领骑士队杀入总决赛，2008-2009赛季还拿到最佳教练的荣誉。**但谁都知道，布朗能有那么好的带队成绩，是因为他拥有年轻力壮**

的勒布朗·詹姆斯，甚至有球迷直接将他称之为傀儡。

湖人队的管理层一直都没有就此事和科比沟通，估计他们认为科比一定会反对。不过，令人意外的是当科比得知这个消息后，一直都保持着沉默，而这种沉默，其实就是一种无声的抗议。大约从这时候开始，科比发现他说的话已经不怎么管用了。当初他赶走"大鲨鱼"的情景，现在应验在自己的身上，但毕竟湖人队没有更合适的人选，他还能打，所以杰里·巴斯只是动他身边的人，尚不能动他。

布朗倒是野心满满，刚来他就喊出口号，湖人队的目标就是总冠军。"我们不是来争第二的，我们的目标只有一个，那就是总冠军。"但正当湖人队踌躇满志、准备重回巅峰的时候，NBA 历史上的第 5 次停摆于 2011 年 7 月 1 日开始。

这之前，湖人队管理层全部的工作除了搞定主教练，也就是选秀。这次倒是数量多，一下挑了 4 个，但全都是次轮的，之后的任务不是在发展联盟就是被当即交易，包括交易进来的也都没在 NBA 混出名堂，加上湖人队渐走下坡路，我就不交代了。

不过，写到这里倒是可以说说湖人队这些年的选秀，也算是为科比职业生涯后期的球队"摆烂"却每每操作失败埋下了伏笔。诚然，这些年湖人队都是强队，没有好的选秀位，但 2009 年托尼·道格拉斯当即被交易了，次轮的萨姆·杨、德胡安·布莱尔、丹尼·格林他们都没挑中；2010 年轮到湖人队确实没什么好选的；2011 年的第 60 顺位新秀是以赛亚·托马斯，曾帮助波士顿凯尔特人队打进季后赛，自己也入选了全明星阵容……看人的眼光确实不行了。

科比不喜欢这样漫长的夏天，本来提前出局已经足够让人感到恼火了，停摆，2011-2012 赛季一下子就开始变得遥遥无期。

否决山西

记得 2015 年的科比中国行球迷们有多么疯狂吗？在广州的活动现场，疯狂的球迷们早早地就将整栋大楼围得水泄不通，"霸占"了整条道路，保安不得不设置了保护栏，清理出了一些不必要的通道。

科比是最早开拓中国市场的球星，若单论在中国的影响力，他早已超过了"魔术师"等名宿，与迈克尔·乔丹也有得一拼。事实上，2011 年夏天，科比曾经无限接近于中国顶级联盟 CBA，差点儿就来到中国打球。

停摆后，NBA 球员们也开始自谋生路，安德烈·基里连科回到了俄罗斯，德隆·威廉姆斯前往土耳其，而科比也不甘寂寞，选择了中国。CBA 的山西男篮老板王兴江绝对是影响了整个联赛发展的人物，当初正是他将邦奇·威尔斯带到了山西队，开了 CBA 请大牌外援的先河，到后来他甚至请来了 NBA 前巨星史蒂芬·马布里，让他在中国重新做人，也为北京男篮带来了历史上的第一个王朝。在王兴江的带动下，越来越多的大牌球星来到了 CBA，JR·史密斯、威尔森·钱德勒、肯扬·马丁，甚至特雷西·麦克格雷迪，但这些动静都比不上 2011 年夏天，因为那年夏天王兴江打算带来的那个球员名叫**科比·布莱恩特**。

7 月 21 日，在双方第一次的见面会上，山西男篮向科比赠送了一件中国瓷器，而科比为了感谢王兴江的诚意，回赠了一件签名球衣。就这样，经过不断的磋商，山西男篮在 8 月 17 日宣布，科比将会在 10 月 1 日正式披上山西男篮的战袍，跟随球队一起进行训练。有消息称，当时山西男篮为科比开出了一份每月税后 200 万美元的薪水。科比方面对于山西男篮提供的薪水、待遇也没有异议。双方的合作就这样达成了。

"如果真的要来，那就 10 月 1 日随队参加训练。在这段时间的训练中，我可以给年轻球员传授一些比赛、训练经验，提高山西球员的防守能力。"科比当时这样说道。

显然，科比对这次合作也十分期待，他甚至开起了王兴江的玩笑："保证训练时间，推广活动次数要适当；保证力量训练，场地和器材要完整，即便是训练间隙，也不能有俱乐部的工作人员前来索要签名。当然，还得保证我的睡眠时间，外面不能聚集太多的球迷。"

除此之外，科比还希望山西队引进一名强力内线，他甚至已经开始憧憬在这里拿下总冠军。但最终奇迹并没有发生。

个中原因，比较荒诞。经过 CBA 联赛委员会的表决和商议，同 CBA 签约的 NBA 球员必须是自由球员，必须在 CBA 打满一个赛季，而科比·布莱恩特和洛杉矶湖人队仍有合同在身，一表决，一商议，也就切断了"黑曼巴"加盟 CBA 的道路。

"如果中国篮协政策放宽，科比、诺维茨基、加索尔等球星都有可能会加盟 CBA 联赛，那么这肯定会带来巨大的影响力，世界关注的可能不仅仅是中国篮球，更是中国本身、软实力、文化、精神等等。"对于错失科比，王兴江满是遗憾。

尽管科比来过中国很多次，他本人也曾表示，中国就像是自己的第二个家，但相比于出席商业活动的科比，球迷们显然更想在赛场上看到他的飒爽英姿。

否决克里斯·保罗

没有去成中国，那就专心备战 NBA 吧，停摆，对于劳资双方来说都是最差的结局，最终他们之间还是在 2011 年 11 月 26 日选择了妥协，得赶紧准备新赛季了。

其实，2010 年夏天，湖人队并没有停下引援的步伐，他们还是想给科比配备一名超级巨星以图东山再起。米奇·库普切克首先想到的是德怀特·霍华德，在奥兰多，这个大男孩脸上的笑容已经逐渐消失，而且迟迟不愿意与魔术队提前续约，被美国媒体认为是闹剧。但即便如此，他还是表示不愿加盟湖人队，不愿给科比打下手，因为不管在哪里，霍华德都希望自己能成为绝对核心。

追霍华德不成，湖人队又想到了风雨飘摇的新奥尔良黄蜂队，也就是如今的新奥尔良鹈鹕队。**12 月初，洛杉矶湖人队、休斯敦火箭队、新奥尔良黄蜂队达成了三方协议，湖人队将送走保罗·加索尔、拉马尔·奥多姆，换来联盟头号组织后卫克里斯·保罗。**

通过这笔交易，湖人队除了能得到保罗，还能省下 2000 万美元的薪资空间，并且少交 2100 万美元的奢侈税。这样的空间，未来不管进行什么样的交易都是有可能的，毕竟这里是洛杉矶，这里有"科比·布莱恩特 + 克里斯·保罗"这样的超级组合。

在当时，保罗堪称是联盟第一的组织后卫，而科比依然是联盟第一的得分后卫，两大超级后卫搭档，让湖人队球迷重新对总冠军产生了幻想。但联盟的其他球队可不会这么想，估计大家都听说过一个词——"仇富心理"。并且，对于湖人队的屡屡打劫，其他球队之前已经忍过几次了，包括保罗·加索尔。

"如果允许湖人队通过这笔交易得到克里斯·保罗，那显然是非常滑稽的，这笔交易是否可以通过，应该由黄蜂队之外的 29 位老板投票决定。"可能很多人都没有想到，首先反对这笔交易的竟然是骑士队老板丹·吉尔伯特。29 位老板，这个数字你没有听错的，因为当时的黄蜂队正被联盟所托管，所以黄蜂队在联盟中扮演着一个非常尴尬的角色——严格说来，其他 29 支球队的老板都是他们的老板，他们的重大决定需要其他的 29 位老板表决通过。

于是，没过多久，联盟就宣布这笔交易被否决。因为联盟刚刚结束停摆，其他球队的老板就是期望能限制那些超级强队的发展。在他们看来，新奥尔良黄蜂队轻而易举地送走克里斯·保罗，就是在向新秩序发出挑战。

听到联盟叫停交易的消息，保罗第一时间更新推特，只说了一个词语：

"WOW……"

保罗对于联盟的决定十分愤怒，他决定不去黄蜂队训练营报到，而且将交易申诉提交到 NBA 工会，准备用法律武器维护自己的权益。

最初得知保罗要加盟湖人队的时候，科比正在训练，但没多久，科比的电话就响了，打电话的就是克里斯·保罗。科比称他们俩聊了有二三十分钟的样子："我的梦想并不是要去赢得比赛，而是赢得总冠军。"科比心中暗喜，眼瞅着第 6 座冠军奖杯就要到来。科比确实有理由这样去想，因为得到保罗后，湖人队还准备要用拜纳姆去换霍华德，现在，霍华德也许会动心的。如此一来，至少未来的 5 年里这支球队不会欠缺竞争力。

但科比的美梦没能做多久。

"我知道克里斯有多想赢球，我们本该是完美搭档。我们搭档出战全明星赛的时候从来不会输，这就像是一种共识。当年我和沙奎尔在训练场上有些矛盾，但我和克里斯不会存在这方面的问题。如果这笔交易达成，两个联盟有史以来最有竞争力的家伙会成为搭档，最后的结局一定非常难以想象，但不幸的是这事情最后并没有发生。"

之后，不到一个星期的时间，新奥尔良黄蜂队将克里斯·保罗送到了洛杉矶快船队——显然，这笔交易，"紫金军团"才是最大的受害者。这道理，与科比当年打算加盟公牛队但没成行而导致公牛队解体是相同的。这次的交易流产，最终导致"紫金军团"人心散了，队伍散了，再加上其他因素，一路坠落。

首先是拉马尔·奥多姆，"铁血战士"是科比的好兄弟，自认对科比、对湖人队忠心耿耿，但球队却一心只想着把他送走。于是，他认定自己没有得到球队的尊重，要求球队将其送到一支更有竞争力的队伍，没过多久，湖人队将奥多姆送到了达拉斯独行侠队，换来了890万美元的交易特例以及1个首轮签。这也是奥多姆职业生涯乃至人生的一大转折点，在达拉斯过得很不愉快，被边缘化之后重返洛杉矶，但不是湖人队而是快船队，更加边缘化，这个过程中他与科勒·卡戴姗的婚姻亮起红灯，沉迷于色、酒、毒品直至毁灭。

对于湖人队交易流产的善后工作，科比是大为恼火，补强没成功反而自断臂膀，而且断的是他的好兄弟。"我非常不喜欢这个交易，我无法理解球队的选择。"这次，科比丝毫没有给湖人队管理层情面。但湖人队也没有给他太多的情面，今非昔比，谁都知道科比就要走下神坛了。

失去奥多姆之后，显然，科比不想再失去大加索尔——交易流言中，大加索尔的名字一直没有断过。"如果你们打算交易他，就将他送走——做你们必须做的事情。但如果你们不打算交易他，就让他好好打球。"

内忧外患的情况令科比心情非常烦躁："现在我们队里没有人觉得自己是安全的。"我至今清晰地记得，科比说这话的时候表情似笑非笑："也许这是好事吧，毕竟当你时刻担心自己是否就是下一个被换走的人时，你一定会卖力打球的。"

道理虽不错，但从科比嘴里说出来多少还是带了点讽刺的味道，并且苦涩。《洛杉矶时报》的希莫斯是洛杉矶媒体里资格最老的，在这节骨眼也只有他敢与科比唱对台戏了，至少我不敢。

"你们看上去似乎没有上个赛季好，"媒体日的拍摄活动结束后，希莫斯对着科比明知故问，"你觉得呢？"

"那是因为我们可能就是没上个赛季好了。"科比对这样的问题自然也没好气。

"你真这么觉得？"希莫斯不依不饶，"或者你只是敷衍我？"

"不是敷衍，我们真的很烂，"科比依然面无表情，"而且我们正在变得越来越烂。"

此话一出，围在他身边的媒体记者们都不敢出声了，大家感觉到了科比烦躁的情绪，干脆等着希莫斯继续发难。

"你是在暗示管理层做得不够好，对吧？"老爷子依然没被科比的情绪影响到，继续与其针锋相对。

"没有，我只是阐述事实。"科比说。

"湖人队今年还有希望重塑辉煌吗？"希莫斯继续问。

"没有。"科比想都没想。

"想在现今的联盟取得成功，需要一个什么样配置的球队？"希莫斯步步紧逼。

"梦之队。"科比回答。

"你想去迈阿密加盟热火队，是吗？"

"今天就把我交易走吧。"

科比越说越离谱了。

正所谓"福无双至，祸不单行"，2011-2012赛季的湖人队流年不利，正值多事之秋，谁也没有想到，季前赛首场，科比右手腕韧带撕裂，本来需要手术的他最终选择了保守治疗。因此，很多场比赛中，科比被换下场后的第一件事就是接受治疗——训练场变成了医务室，但让科比闹心的事情还没有结束。

2011 年 12 月 16 日，结发妻子瓦妮莎向法院提交了离婚申请。

没错，这回科比·布莱恩特又摊上大事了。

毫无疑问，这次势必又将他混乱不堪的私生活摆上桌面，任人观赏，而且不收费地帮别人创造点击量以及经济价值。

MAMBA
FOREVER

离婚风波

已经渐渐被人们淡忘的"鹰县事件"让科比几乎身败名裂，但之后的科比似乎并不知道悔改。瓦妮莎之所以提出离婚申请，理由是她认为科比本性难改，对婚姻失去了应有的忠诚。

当初为了瓦妮莎，科比不顾全家人的反对，一个"鹰县事件"已经足够了，现在又出轨？全世界的科黑都在等着看笑话呢。在 NBA 停摆期间，曾有传闻称科比要到意大利去打球，这事被媒体进行了大量报道，并牵扯进了他对意大利的感情因素以及童年情结什么的。他也确实为了商业目的去了几天，但当时就有媒体称，科比前往亚平宁的真正目的是女人，而不是篮球。这个女人，曾经是意大利前足球明星克里斯蒂安·维埃里的前女友，名叫梅娅莎·萨塔，年轻的时候曾经是意大利电视 5 台王牌节目《秘密披露》的主播。据说，其实二人很久以前就已经搅和在一起了，而在 2011 年 10 月科比前往意大利期间，他们更是在酒店开房，极尽缠绵。

这事确实挺嘲讽了，无论是对科比、科比的球迷们，还是对篮球这项运动来说，都是嘲讽。

洛杉矶的小报自然不会放弃落井下石的机会。之后的新闻就更生猛、更香艳、更色情了。有消息称，根据瓦妮莎透露，人们心目中的偶像"黑曼巴"每年至少会有 10 次婚外情，在每个有 NBA 球队的城市都有性伴侣，有的还有好几名。瓦妮莎是有确凿证据的，其中一位还是洛杉矶湖人队的前啦啦队队员，事发时年仅 18 岁；据她估计，10 年的婚姻累积下来和科比有染的女人超过了 105 位！

本来婚外情就足以给瓦妮莎打击，得知有 105 位之后瓦妮莎十分难以置信。

本来科比利用停摆不用飞来飞去，他还想着借此来挽救婚姻，但不幸的是，私家侦探抓住了科比的证据。

科比又一次地遇到危机，这不是他靠着投篮、努力就能解决的问题，由于婚前没有签署任何财产协议，所以离婚后瓦妮莎可以得到科比一半的财产。另外，科比还得支付孩子的赡养费。

上次的"鹰县事件"发生后，科比曾用400万美元的戒指挽回了婚姻；而这次，科比也不打算放弃。"我想为瓦妮莎做些美好的事情，"科比说道，然后他选择了学习弹钢琴，"坐在那里听课让人教太容易了，所以我就靠耳朵自学。"

科比虽然从小家教不错，但他却从来都没有碰过钢琴，而且篮球生涯让科比的手指伤痕累累，有些手指甚至无法弯曲。科比戴着耳机，反复聆听《月光曲》，然后在琴键上找键位，终于他学会了。"如果你有决心，没有什么是你学不会的。"最终，科比挽回了自己的婚姻，2012年1月21日，瓦妮莎撤回了离婚申请。

但 2011 – 2012 赛季的湖人队，前途却并不明朗。

￥ 连刷纪录

第 5 次停摆带来的恶果就是，常规赛季从 82 场被压缩到了 66 场，背靠背已足够让那些球队头疼不已，但在 2011-2012 赛季竟然频繁地出现了连续背靠背的比赛。这对科比这种受过伤的高龄球员显然更不利了。

没有了"禅师"，迈克·布朗执教下的湖人队开始了"丑陋的表演"，进攻节奏压低，防守端去和对手肉搏，"紫金军团"已经习惯了往日的那种华丽，这样一改，还真不习惯。反倒是科比继续延续着自己神奇的表演，33 岁的"黑曼巴"甚至在 1 月份有过连续四场砍下"40+"的表演。令人难以置信的是，这四场比赛分为两个背靠背：

1月10日	主场面对菲尼克斯太阳队	48 分
1月11日	客场面对犹他爵士队	40 分
1月13日	主场面对克利夫兰骑士队	42 分
1月14日	客场面对洛杉矶快船队	42 分

更令人难以置信的是，当时，科比手腕有伤，是靠注射止痛药才坚持上场的。

"我了解我自己的身体构造，这种小伤不值得一提。只要打了针，手腕就不会有任何感觉，是麻木的，一点儿也不会有疼痛困扰我。"

科比所谓的小伤，在联盟里足够正常球员休息两三场比赛的了，而科比却只休息了一场季前赛，然后，迫不及待地归队。

"他的确接受了注射，这事我本来不该说，也不想说。但你们（媒体记者）既然问到了，我也不能说不知道。科比自从赛季开始以来的确在每场比赛前都打止痛针。我之前就已经给他下了定义，他就是个机器。"迈克·布朗在谈到科比时说，"球队里的训练他从来没有缺席过。我不知道球队训练以外他自己加练了多少，但我猜是'很多'吧。"

进入职业生涯的第15个赛季，池子里的水积得多了，破历史纪录或超越前辈的频率自然越来越高：

2012年1月1日，在客场面对丹佛掘金队的比赛，科比·布莱恩特成为最年轻的28000分先生。

2012年3月27日，他又超越了卡尔·马龙，上升到为一支球队得分排行的第二。

此外，科比还第14次入选了全明星阵容，当时，这一数据追平了迈克尔·乔丹，而在这届全明星赛上科比的鼻子被德怀恩·韦德打破，顿时鲜血直流，之后，科比不得不戴上了面具，扮演了一段时间的"面具侠"。这个形象有点酷是不是？不过，在科比看来，这如同在蒸笼里一样折磨着他。

尽管被伤病袭击，但科比仍保持乐观态度，甚至还有兴致拿记者开涮。2012年2月17日，科比得到37分，率队再次击败菲尼克斯太阳队。赛后，科比坐在自己的更衣柜前，两脚扎在冰桶里，膝盖上各绑着两个大冰坨。对手的教练在十步之外的球员通道上谈到科比的时候，愁得抓耳挠腮；而科比则在更衣室里充当起"警察"，揭发洛杉矶电视台KCAL9的记者约翰赛前的"违法"行为。

"我先说一句。"当约翰正准备问科比问题的时候，科比眉毛一抬，先发制人。

"约翰，我今天看见你违章走多人车道。（注：多人车道是美国政府为了鼓励大家拼车，在高速公路的最里侧设立单独一条车道，供两人及两人以上乘客的汽车行驶。）"

科比一问，约翰的表情僵住了："你看见我了？"

科比阴险地笑着，点点头："是的，我看见你了，那辆巡洋舰对吧？"科比怕约翰不认账，特地把车的型号报出来。

"我儿子在后座吧？"约翰狡辩。

"没有！"科比笃定地说，"不过这是一个不错的狡辩啊。"老辣的科比坏笑着。

我们一众记者都在现场，见证科比揭穿约翰。约翰有点尴尬，他反击道："你就从来没交通违规过吗？你开车时速多少？"

科比笑着摇头："我可从来不违规上多人车道，我当时想'看这家伙，就他一个人还上多人车道'。"

围观的记者们哄笑，约翰憋了一张大红脸，科比笑得更欢了。

2012 年 3 月 18 日，湖人队主场对犹他爵士队，这场球是科比职业生涯的第 1000 场首发，在这个里程碑式的夜晚，科比 20 投只中了 3 球。

而来到休斯敦客场挑战火箭队，在自己的第"1001 场"科比面对一个刚进联盟的新秀钱德勒·帕森斯，整场下来 27 投 10 中，仍然没有找回状态，湖人队也吞下两连败的苦果。

"我投不进是因为防守好？"赛后，科比在被问到自己找不到手感是否跟帕森斯出色的防守有关的时候，干脆不屑地笑了，"你们这些人啊，我这么说吧，以后每次 24 秒进攻快到的时候我就不再出手了，否则你们总会觉得我那些没投进的球是因为被对手防住了。"

科比的意思很明白：湖人队如果在 24 秒内没能打出有效进攻，一般都会在进攻时间快结束时把球交给他，让他在没有机会的情况下强行出手。而这，对他的命中率自然会造成不小的影响。

进入联盟 15 个赛季以来，科比一直被外界批判出手次数太多。曾经他还会针锋相对地说上几句，而现在的他只会瞥一眼提问的人，然后一笑了之。

"我就是这风格，十几年了。每年都有人问我这个问题，我没有变过，也没必要去回答这些问题。"

科比的乐观也是有道理的。湖人队在停摆结束后的自由球员市场没什么大动作，只是修补得比前几个赛季稍多而已，不过，马特·巴恩斯以及新签进来的特洛伊·墨菲、约什·麦克罗伯茨都是稳定的替补；而且，以大加索尔一以贯之的职业风格，身陷交易传闻的他场上并不退步，平均每场仍能贡献 17.4 分、10.4 个篮板、3.6 次助攻、0.6 次抢断、1.4 个盖帽，全面、管用，当科比不在场上的时候他就是这支球队的轴，队友们绕着他转，绕着他来打。最意外的收获则是安德鲁·拜纳姆。

2011-2012 赛季他好像突然开了窍，29 分 13 个篮板、18 分 16 个篮板、21 分 22 个篮板、21 分 12 个篮板，开季连续四场的强势表现，令外界不得不承认他的名号——"小鲨鱼"。之后他更是越战越勇，从 2012 年 11 月 4 日起是连续四场两双，从 1 月 31 日起到 3 月 18 日结束，24 场比赛竟然有 22 场两双。之后，尽管"小鲨鱼"开始有所平淡，但整个赛季下来他有 36 场两双，2 场"双 20"，7 场得分"30+"。这几场得分"30+"的比赛主要在后半段，说明他的进攻也上来了；其中，在 4 月 11 日客场对阵圣安东尼奥马刺队的比赛中，他单场拿下了 16 分、30 个篮板，30 个篮板，连他的湖人队参照物——真正的"大鲨鱼"都没能做到，后者最多只有 28 个篮板！这样的表现，连沙奎尔·奥尼尔也在一旁敲着边鼓，称安德鲁·拜纳姆已经是联盟的第一中锋，德怀特·霍华德顶多是个强力大前锋。

这样的言论又引发了全联盟的争议，但湖人队众将偷着乐，且由"魔兽"郁闷去吧。赛季结束，"小鲨鱼"场均可以贡献 18.7 分、11.8 个篮板，超越了大加索尔。

不过，正当人们期待"小鲨鱼"能像当年的沙奎尔·奥尼尔大杀四方的时候，这孩子"脑残"的一面开始展现无遗：在更衣室，他肆意妄为；比赛中，他甚至不顾教练和队友，在 3 月 27 日对阵金州勇士队的比赛中投他没有任何可能性投中的三分球，主教练布朗愤而将他摁在板凳席上，但"小鲨鱼"却不依不饶，事后坚称以后有机会还要投。

作为球队老大，科比也希望拜纳姆能全心全意将精力投入到篮球场上，但正所谓"恨铁不成钢"，随着自己名气越来越大，拜纳姆更是我行我素，好像没人能管得住他。湖人队球迷开始担心，"安德鲁·拜纳姆＋科比·布莱恩特"能否像当年的"OK 组合"一样，一起拿到总冠军了。

不过，"天使城"并不急于做出太大的改变，再说这时候的"小鲨鱼"可是炙手可热的潜力股啊。交易截止日，他们送走了卢克·沃顿和德里克·费舍尔，又是科比的好兄弟，换来的是拉蒙·塞申斯和乔丹·希尔。看起来，前者比"老鱼"年轻，更有活力；后者比小沃顿更年轻、更强壮。而从常规赛季看，塞申斯也是好球员，顶上了首发；乔丹·希尔也是好替补。

常规赛结束的时候，湖人队战绩为 41 胜 25 负，位居西部第三，压倒了克里斯·保罗率领的洛杉矶快船队。

在个人方面，科比·布莱恩特连续出战 58 场，平均每场 27.9 分、5.4 个篮板、4.6 次助攻、1.2 次抢断、0.3 个盖帽，是自夺冠的 2009–2010 赛季以来的最好数据，甚至险些拿下全联盟的得分王称号，最终，不出意料地第 10 次入选了最佳阵容第一队。但是，为了养伤，赛季末的时候，他战略性地放弃了 8 场比赛，这段时间，一身西装革履的他甚至拿起了战术板，而将主帅迈克·布朗撂在了一边——不过，"布朗政委"早已经习惯了，在克利夫兰之时也是这样的。

一切都已经准备好了，只看表面，似乎如此。

▼ 再度梦碎

季后赛首轮，湖人队面对的是丹佛掘金队。现在，我就说说这座美国的高原城市，主要是想说明他们为什么总给湖人队制造麻烦，其次，如同之前，说说天气、生活条件、风土人情以及由此衍生的篮球文化。而且，这次还事关科比与湖人队的前景。

丹佛是科罗拉州的首府以及最大城市，位于紧邻落基山脉的一片平原上，故事多，杰克·凯鲁亚克的世界名著《在路上》就对这儿有反复描写，很浪漫。但对我来说，说实话，这地方能不去就不去了。

我去的时间是 2005 年 2 月 20 日，还算冬天，出发前就知道丹佛会很冷，从迈阿密上飞机前特意把羽绒服塞进行囊。结果，我一下飞机就小小地庆幸了一回，也没冷得离谱，跟印第安纳波利斯差不多。

机场出口处的大横幅赫然写着："欢迎来到丹佛，这里有 2005 年全明星赛。"沙奎尔·奥尼尔和姚明的图像各站在该标语的两端，挺气派。

丹佛机场距离市里非常远，要一个小时的车程，打车到旅馆后，我出去赶一辆去市中心的公共汽车，晚了一步，没赶上。正准备继续等，前台的女服务员对着窗户朝我喊了一嗓子："这里的车一小时一趟，你还是进来等吧，外面太冷！"回到酒店大堂等公共汽车，与一位丹佛本地人攀谈。"这个城市怎么样？"我问得既没礼貌又直接。"还可以吧，就像美国其他的内陆城市一样。"

丹佛四面环山，机场距离市中心很远，远处还有雪山。"这里是滑雪的好地方，科罗拉多嘛，没有人来到这不去滑雪的。"一个本地人热情地给我介绍，"但是如果不是为了滑雪，似乎就很少有人来我们这里玩了。"也难怪，带领这支球队实现复兴的卡梅隆·安东尼在 2011 年 2 月 22 日选择了离开，纽约、丹佛，以我的经验来看，是完全没法比的，不夸张地说，一个天堂，一个地狱，所以也不要总是指责巨星们，多多理解，多多包容，更何况老是看不到总冠军的希望啊。

不仅冷，而且干燥。"我受不了啦，本来想对付过这个周末，后来还是去买了两支唇膏，"一位来自迈阿密的美国同行抱怨说，"这里真干啊，人在外面待一小时嘴唇就干得要裂开似的。"

现在说球队了。

我在下午进入球馆，在这里，发现了一个奇异的现象：不少体态稍微臃肿的人鼻子下都挂着一根塑料管子。

一问，好家伙，是氧气管。

说这里是高原，空气稀薄，挂上这个以防缺氧。说到这里，各位都明白了吧？丹佛海拔 1600 米，跟中国的昆明差不多，但还兼有昆明所不具备的冷，因此成为 NBA 著名的魔鬼主场之一。自从 1967–1968 赛季以丹佛火箭队的名字加盟 ABA、1974–1975 赛季更名为丹佛掘金队、1967–1977 赛季加盟 NBA 以来，历史上只有 6 次横扫，而且全部是首轮，其中又有 5 次发生在首轮 5 战 3 胜制的时代。跟"大鲨鱼"职业生涯被横扫的次数一样多。为什么？缺氧。在这种系列赛你只能 3 场解决掉，要不就很难解决。这支球队尽管未能夺冠，但打出不少精彩的 7 场大战。

这次，轮到洛杉矶湖人队了。这是"甜瓜"离开后的第一个完整赛季，依靠一群蓝领球员，在资深名帅乔治·卡尔的指挥下，依然以 38 胜 28 负杀进季后赛，并且是西部第六。首战，安德鲁·拜纳姆就砍下了 10 分、13 个篮板、10 个盖帽，一人就将掘金队内线打翻。实力上的差距，让湖人队很快以 3∶1 领先，但随后两场，湖人队玩火，本来可以轻松赢下的系列赛愣是被拖到了第 7 场——当然，也缺不了高原因素。

而在这场抢七大战中，科比·布莱恩特只得到 17 分，其中，第 4 节更是只出手 2 次拿到 3 分。

看上去很奇怪，但实际上科比依旧是赛场上的统治者，他利用其他的方式帮助球队拿下了这场球。

"他（注：科比·布莱恩特）没得 30、40 分，也没出手很多次，但他却以另一种方式主宰了比赛。赛后我问科比：'你是不是用这种方式在向同城兄弟洛杉矶国王队（注：NHL 的冰球队）致敬？'因为他今晚有不下 15 次的'冰球助攻'。"

赛后的新闻发布会，迈克·布朗情绪激动地为我们解释。何为冰球助攻？其实就是间接助攻。"科比全场被夹击，于是他分球，"布朗继续解释，"然后对手扑向接到科比传球的球员，然后接球的人再分球给旁边处于空位的队友，进球后助攻不记在科比身上。但这在冰球里就算 1 次助攻。"尽管如此，科比整场仍然送出 8 次"直接助攻"，而第 4 节送出的那两次更是至关重要。

还剩 9 分 03 秒的时候湖人队还落后 1 分，科比持球突破阿隆·阿弗拉洛后发现了埋伏在底角的史蒂夫·布莱克后马上分球，人到球到，后者命中三分球帮助湖人队反超两分；还剩 5 分 51 秒的时候，湖人队只领先对手两分，科比突破到禁区后吸引了掘金队 4 名队员的防守，他再次看到史蒂夫·布莱克已经等在左侧底角，在空中直接把球甩了过去，后者再中空位三分球。

"科比不停地吸引夹击，我就不停地跑空位。"在科比的帮助下拿到职业生涯季后赛新高的 19 分，赛后布莱克被破格安排出席新闻发布会，接受采访时难掩兴奋之情，"如果不是科比一次次地吸引夹击，然后找到我，我也许现在就不会坐在这里。"

除了不停地寻找埋伏在三分线外的慈世平与史蒂夫·布莱克，科比在第 2 节中段短短 40 秒内连续两次妙传给大加索尔，也直接帮助他完成 1 次扣篮、1 次上篮打 2+1 成功。然而，科比对于大加索尔的帮助还远远不止这两次传球。

"上一场之后我找保罗·加索尔和安德鲁·拜纳姆分别谈了话，"科比透露，"我跟他们说了很多，主要意思就是如果我们想晋级，他们俩就必须提升至少一个档次！"

显然，科比的谈话起了效果，内线双塔在决胜场一开始就展现出了比以往更高的热情，全场更是利用高度优势疯抢前场篮板。科比看在眼里喜在心头，毕竟有内线双塔的牵制，他再也不需要在被包夹的情况下强行出手，反而可以依靠夹击后的传球盘活全队的进攻。

总算是晋级了。现在，我顺便说说丹佛掘金队给我留下印象最深刻的东西：吉祥物小狮子——洛基。早就听闻洛基是全 NBA 工资最高的吉祥物，百闻不如一见，果然不同凡响。除了经常"从天而降"之外，洛基最大的绝活儿是中场背对篮筐的后抛式投篮——3 次尝试中就能命中 1 次，这是多么惊人的命中率啊，估计球场上的 NBA 球员们都达不到。据说，这也是洛基年薪超过 100 万美元的重要原因之一。

只是，湖人队众将可是没心思欣赏——体能问题来了。

湖人队的第 2 轮对手，是拥有"三少"的俄克拉荷马城雷霆队。前面写到俄克拉荷马城的狂热，不再重复；也写到过这支球队，2009-2010 赛季首轮被洛杉矶湖人队淘汰，后者最终夺得总冠军。但之后这支球队发生了一个小小变化，2011 年 2 月 24 日杰夫·格林被交易离开了，但此时的"三少"更加成熟，而湖人队年纪变大了，人心不太齐了，与丹佛掘金队也消耗了太多体力。二者之间，走势发生了微妙变化。

在这里，科比还遇到了自己的老朋友——德里克·费舍尔。被交易到休斯敦火箭队后，双方达成买断协议，然后"老鱼"来到了这里。"紫金军团"明白：对方阵中有"老鱼"，自己的球队已经没有任何秘密可言。果不其然，首场他们就遭遇到了惨败，90∶119，输了 29 分。

在大比分告负后，科比依旧乐观，出现在训练场上的他笑意盈盈，还饶有兴致地调侃大加索尔。

"嘿，你干吗？报复人家？"当科比看到大加索尔的球不小心砸到球队的一个录像剪辑师时，他马上拿大加索尔开涮。"人家一定是在球队的精华片段里把你给剪了。你就哭去吧，傻帽。"

大加索尔被科比说得一脸无奈，赶紧对着被球砸到的这位工作人员连声道歉。趁这机会，科比已经与记者聊了起来。

"惨败算什么？我们这赛季里又不是没惨败过，反弹就行了！"

说这话的时候，科比眉头一扬，轻描淡写。但结果却是，科比想要的反弹并没有在这个系列赛中出现，第 2 场，湖人队在比赛结束前 2 分钟还领先 7 分，但最终还是被逆转。直到回到斯台普斯中心，科比独砍 36 分，才以一己之力追回 1 场。但第 4 场，湖人队又是在关键时刻被逆转。

1 ：3。

*38 分、8 个篮板、5 次助攻，这是科比在第 4 场的数据。一般情况是，当科比交出这种近乎完美的成绩单时，湖人队是一支很难被击败的球队。*但当雷霆队的"三少"同时发挥，正所谓"双拳难敌四手"，湖人队与科比的境地大约如此——常规赛季打了 65 场，并且经常是上场 40 分钟以上的大加索尔又一次在季后赛累了；而安德鲁·拜纳姆到了季后赛并不那么靠谱，除了与丹佛掘金队的首战，之后单场最高也就 20 分，不仅篮板少，而且命中率极低，除了罚球比沙奎尔·奥尼尔准，其他方面根本看不到"鲨鱼"的影子。

"第 4 节我的很多出手都是高难度的强行投篮，"赛后，科比在发布会上情绪低落，声音也很小，"不是因为我想投这样的球，我是不得已才投的。"

"比赛的转折点在于，下半场他们开始绕前防守安德鲁·拜纳姆。"科比仍然是最后一个到发布会接受采访的球员，从低沉的语气里可以看得出来他的沮丧，"然后第 4 节他们开始包夹我，我只能被迫投那些很难的球……"

由于拜纳姆被肯德里克·帕金斯的绕前防守策略束缚住了手脚，大加索尔又毫无侵略性，科比在第4节只能一次次地在24秒快结束时强行出手。这时候，媒体席有人感慨，如果德里克·费舍尔还在湖人队，他也许会给科比一些帮助，起码也会适当分配球权给"内线双塔"，但现在的两名组织后卫拉蒙·塞申斯和史蒂夫·布莱克都会毫不考虑就把球交给科比来处理。这时候，湖人队管理层应该为这笔轻率的交易而后悔了，更别说他一次次地拯救雷霆队，而在球场外全然是半个主教练。

"科比，现在球队的处境是否让你想起上一个赛季？"一位洛杉矶当地记者凭着与科比算是熟络，斗胆问了这样一个问题。科比漫不经心地说："不，我不想去想去年。"这次，他又没有发火。以我的观察，这种情况下的这种表情往往预示着他想明白了，接受一切后果——好的和不好的。

但在那天，我观察到科比穿着天蓝色的西装配了同样颜色镶边的白衬衫——这样的打扮是科比赛前就精心准备好了的——他没有为输球做准备。瓦妮莎也到斯台普斯中心为湖人队加油，上周她还坐在湖人队更衣室门口告诉大家，她来的比赛湖人队都能赢，而这次，显然她的出现并没有为湖人队带来额外的好运气。

湖人队的球迷记者维克·杰克博在湖人队与掘金队那轮比赛里就从洛杉矶的中国城买了一个毛茸茸的舞龙戴在了脖子上，他说："今年是龙年，龙能给湖人队带来好运气。"杰克博的舞龙已经戴了4场比赛，舞龙被他戴着到处走，已经开始有些变形，而目前，1：3，湖人队的局面让杰克博伤心，他沮丧地说："今天它（注：舞龙）没能给湖人队带来好运气，我非常伤心。"

湖人队已经丧失信心，第5战兵败如山倒，湖人队又一次倒在了半决赛，尽管科比在这场比赛中砍下了42分。

"我年龄越来越大，耐心就越来越少。22 岁的时候我觉得自己还有无数的机会，但现在，我知道我（夺冠）的机会已经越来越少了。"

科比是如此悲伤，以至于直接坦言相告，这是很罕见的。在这个系列赛中，尽管科比拼尽全力，场均砍下 31.2 分，但队友不济，他也是双拳难敌四手——以第 5 场为例，不可一世的拜纳姆仅有 10 分、4 个篮板，即使是大加索尔强硬地拿下 14 分、16 个篮板也无济于事，一来他 15 投仅 4 中，二来除了他只有慈世平得到了 11 分，其他常规赛季的好友们几乎全都消失了，相加也只有 13 分。

"黑曼巴"是不会这么轻易被打败的，赛后的新闻发布会他虽然表情凝重，但对于未来仍然信心十足。

"我不会躲进阴影里，不管是上刀山还是下火海，我们都会夺回曾经拥有的一切。"

湖人队如果想"匡复王朝"，管理层给科比找来更好的帮手势在必行。有记者在发布会上问科比，湖人队连续两年过早出局，是否意味着他们已经退出了争夺总冠军的行列？科比眉头一皱："说这话的人敢和我赌吗？我愿意用我的房子来赌这话是错的，说这话的人敢赌吗？"

我至今都在后悔问这话的人不是我，我也没敢替这哥们儿去赌一把，否则，拥有了"黑曼巴"价值千万美元的豪宅，人生做什么不好呢？这，仅是我的玩笑罢了，还是靠自己的双手比较励志一些，就好比科比·布莱恩特自己。

顺便说下后事，因为这事情跟科比也有关。那就是俄克拉荷马城雷霆队，他们碾压了湖人队，又在西部决赛中在 0：2 落后的情况连扳四场而淘汰圣安东尼奥马刺队，取科比·布莱恩特而代之，在当年的总决赛中上演"凯文·杜兰特 VS 勒布朗·詹姆斯"或者是"雷霆三少

VS 迈阿密三巨头"，尽管最终败北，成就了詹姆斯的第一个总冠军以及总决赛 MVP，但青年军的崛起已经不可阻挡了。

为此，湖人队被淘汰后，我继续采访这支球队以及他们的竞争对手圣安东尼奥马刺队，10 天左右的时间里，在俄克拉荷马城和圣安东尼奥之间穿梭，之前我特别讨厌但又认为其非常有创意的那座城市——达拉斯，又回到了生活中。

作为 2010-2011 赛季的黑马总冠军，达拉斯独行侠队也碰上了"总冠军后遗症"，当湖人队出局的时候，他们已经在首轮被俄克拉荷马城雷霆队以 4 ：0 横扫出局了。但这座城市的地理位置很奇妙，正好在俄克拉荷马城和圣安东尼奥的正中间，车程 8 小时。所以，每次开车途中我都会在达拉斯停下来休息，而且会在一个华人超市里吃份地道的中餐盒饭。开盒饭摊的是个青岛大嫂，由于达拉斯华人不少，她的盒饭是纯粹做给中国人吃的，相当地道。这对于在圣安东尼奥和俄克拉荷马城完全吃不到纯粹中餐的我来说，简直是救命稻草。

而到了总决赛的时候，由于俄克拉荷马城没有直飞迈阿密的航班，多数媒体都会选择先飞到达拉斯或休斯敦，然后转机去迈阿密。我则不同，由于依恋达拉斯的中餐盒饭，选择开车到达拉斯，先买盒青岛大嫂的盒饭，吃了再去机场。我还打算，在第 5 场打完后从迈阿密飞回达拉斯的时候，再买份盒饭吃饱了开车去俄克拉荷马城，没想到迈阿密热火队在 5 场内解决了战斗。我在暗自庆幸不用再回"鸟不拉屎"的俄克拉荷马城的同时，反而有点想念达拉斯那地道的中餐盒饭——没什么特别的佳肴，单凭那大白菜炒豆腐泡和山东大包子透着的中国味儿，就能令我魂飞梦牵。

这话听起来有些可笑，但对于很多像我一样长着一副中国肠胃的媒体同行来说，俄克拉荷马雷霆队与圣安东尼奥马刺队打系列赛不失为一种摧残。从此，我不再反感达拉斯了。

而打进总决赛的雷霆队毕竟是小城市球队——未来永远难以预料："雷霆三少"中身为球队第六人的詹姆斯·哈登因为不满意自己的地位，

而在 2012—2013 赛季即将开打之际，于 2012 年 10 月 27 日转投休斯敦火箭队。在获得 5 年 7860 万美元的顶薪合同之后，一跃成为"双王"——休斯敦火箭队的球场之王、NBA 的夜店之王。由于 NBA 得分后卫位置的日渐式微，他甚至成为科比·布莱恩特的正牌接班人，又从科比身边吸引走了科比当时最大腕的球场搭档——德怀特·霍华德，并引发了一系列故事。这些故事还在延续，后面再说。

　　一支青年军的崛起，加上圣安东尼奥马刺队的强盛，湖人队总经理米奇·库普切克这时候明白了：自己的这支湖人队已经是老态龙钟、疲态尽显，"紫金军团"想要延续辉煌并且压制住"天使城"的同城市场竞争对手——洛杉矶快船队，就需要大变动。

于是，一个惊天计划开始酝酿了。

MAMBA
FOREVER

▼ "新 F4 组合"

写到这里，必须交代一个非常重要的人，一个非常重要的历史背景——杰里·巴斯。

尽管对待球员有时候比较冷酷，而且是有名的花花公子，但在 NBA 发展史上，杰里·巴斯却是里程碑式的人物，自入主洛杉矶湖人队以来，他的球队总共赢得了 10 个总冠军，令"天勾""魔术师""大鲨鱼""黑曼巴"等巨星走上神坛，20 世纪 80 年代有"SHOWTIME"，新世纪之前后则有"OK 组合"，之后又有科比·布莱恩特的两连冠。但杰里·巴斯有一个做法是铁打不动的——不允许外人干涉巴斯家族的事务。为达到这个目的，他甚至倾向于家族男丁继承家族事务。这样就不难理解在"天使城"立下赫赫战功的人都与球队保持距离甚至远走高飞，这就包括了帕特·莱利、菲尔·杰克逊以及被称为"湖人队教父"的杰里·韦斯特。

就在湖人队连续两次止步于西部半决赛的时候，杰里·巴斯身患癌症，命不久矣。

其实，这之前他就减少了对球队的管理，这也导致了这两个赛季的混乱，而他去世后引发的大混乱还没开始，就眼前而言，米奇·库普奇克必须拿出魄力，大刀阔斧地改革，以让老板生前看到自己球队最后的辉煌。

而且，再次倒在了西部半决赛，米奇·库普切克此时也终于明白了：再这样继续下去，洛杉矶湖人队只会越来越沉沦，科比·布莱恩特已经 34 岁了，每年都会有人质疑"黑曼巴"是否已经老去；在迈克·布朗的战术体系中，保罗·加索尔显得有些水土不服，深陷交易流言的他有时会无心恋战；安德鲁·拜纳姆更是让人头疼，球场上的进攻抵消了懒散作风，令人不知道该如何处理，此外，他的膝盖伤势也让湖人队担心不已。

正所谓"不破不立，大破大立"，2012 年夏天，库普切克开始四处游说，千方百计地寻求交易的可能。功夫不负有心人，7 月 11 日，湖人队送出了 2013 年的 1 个首轮签和 1 个次轮签、2014 年的 1 个次轮签、2015 年的 1 个首轮签（前 5 顺位保护），终于得到了一代传球大师——史蒂夫·纳什。就目前阵容而言，湖人队没什么损失。

之后，没多久，他们又在 8 月 10 日通过了四方交易得到了德怀特·霍华德以及壮年的厄尔·克拉克和暮年的克里斯·杜洪，送出的是安德鲁·拜纳姆、2017 年的 1 个首轮签以及约什·麦克罗伯茨、2011–2012 赛季基本在发展联盟度过的克里斯蒂安·艾因加。其中，拜纳姆的下家是费城 76 人队，他的故事比小说情节还精彩、荒诞，但从此不再是洛杉矶湖人队的范畴，也罢，不多费笔墨。

其间，还有 3 个小动作也卓有成效：选秀大会挑中的 60 号新秀罗伯特·萨克雷；7 月 25 日从自由球员市场签下了曾经的全明星球员安托万·贾米森；8 月 13 日，又从自由球员市场签下了约迪·米克斯。从日后的情况来看，倒是这几笔小生意体现了米奇·库普切克的眼光。

萨克雷日后在湖人队的摆烂赛季打过首发，而且，2012–2013 赛季缺人手的时候也顶过 3 场的首发；即将退役的贾米森在新赛季场均9.4分、4.8 个篮板，还打过 6 场首发；米克斯在 2013–2014 赛季成为湖人队的首发得分后卫，尽管是摆烂赛季，但首发还是要有点本事的，否则真的摆不出来。

连续的大动作震惊了整个 NBA 联盟，科比·布莱恩特＋保罗·加索尔＋慈世平＋史蒂夫·纳什＋德怀特·霍华德 =55 场全明星赛出场！ 这根本就不是"新 F4 组合"，更像"F5 组合"。此阵容一出，湖人队显得如此强大，连美国东海岸的《纽约时报》都称，这支队伍是有史以来天赋最强的一套首发。

阵容豪华，难免会带来这样的疑问：谁才是这支湖人队的领袖？

这是一个严肃的问题。

TNT著名记者，就是以幽默提问和花哨彩色西装而闻名的那位，名叫克雷格·萨格。当年，萨格举着麦克风，一针见血地追问科比·布莱恩特：

"现在的湖人队是谁的球队？"

这次，可容不得幽默了。

"伙计，这真是一个愚蠢的问题。"科比同样不幽默。

他略带不屑地瞥了萨格一眼，又重复了一遍："真是一个愚蠢的问题——毫无疑问，这是我的球队。"尽管脸上一直带着笑容，但科比把"我的"这两个字说得格外重。

"德怀特·霍华德是这个世界上最好的球员之一，史蒂夫·纳什也是，保罗·加索尔也是，"说到这里，科比又看了提问的萨格一眼，"但这是我的球队——伙计，愚蠢的问题。"

萨格的这段采访通过TNT的直播瞬间传遍了全美国，科比的一句"这是我的球队"也随即引发了热议。不过，当克雷格·萨格将同样的问题抛给史蒂夫·纳什与德怀特·霍华德的时候，得到的答案居然是一模一样的："毫无疑问，这是科比的球队。"

两位新来者分别在不同的时间、不同的位置接受采访，给出的答案却是一模一样的。

与科比相比，纳什年龄更大，已经38岁的"风之子"面临的问题是退役时间，不可能成为核心了；27岁的"魔兽"正在自己的巅峰期，刚刚结束了在奥兰多的闹剧，来到湖人队的时候恰好是合同年——如果选择留在洛杉矶，这位年少时代便已经打进总决赛的稀缺中锋必将成为湖人队当仁不让的核心灵魂。但此时此刻他们俩都明确表态，他们是来洛杉矶辅佐科比·布莱恩特的。

大加索尔和慈世平不需要多说什么，现在，他们都可以安安心心地在洛杉矶打球了。那么，需要重点提及的只有"魔兽"——未来的湖人队核心，但现在却是科比·布莱恩特的跟班。

我就在这里特别地写写"魔兽"吧。在所有 NBA 球员中，要以时间长短而论，我与他的交往算是最长的了。并且，后来他又去了在中国极具市场号召力的球队——休斯敦火箭队，梦想成为姚明的接班人。

回到我第一次驻采 NBA 的 2004 年 10 月，我第一次在 NBA 比赛场馆的地板上，看到的第一个 NBA 球员便是 2004 年的头号新秀、当时还没打出名堂的德怀特·霍华德。

老实说吧，我当时看到的"魔兽"身上的唯一光环就是头号新秀。至于美国男篮首发中锋呀，超强弹跳力呀，封盖能力呀，"吻篮筐"呀，NBA 第一中锋呀……这些，都还是没影的事情。毕竟，当时的"魔兽"和 1996 年的科比相仿，只是高中毕业生，一个没打过任何 NBA 正式比赛的愣头青；不同的是，由于各球队对高中生的认可度在增长，他进联盟的时候是头号新秀。

当时的魔术队有几个老大：弗朗西斯首当其冲，他被认为是带领魔术队复兴的核心人物；伤愈复出的格兰特·希尔是第 2 个，这位"玻璃人"终于再次地从伤病中站了起来，以饱满精神状态与心理状态迎接新赛季；莫布利是第 3 个，"老猫"与他的兄弟弗朗西斯性格完全不同，一点也不卡通，反而牛气十足。

总而言之，当时的霍华德在这支球队里完全没有说话的份，就连训练中也不敢太过张扬地去练习他最爱的扣篮。但他却是我面对面见到的第一个 NBA 球员。这边，霍华德坐下休了，刚才在中圈附近聊天的弗朗西斯与同为新秀的贾米尔·尼尔森走过来，各自展示运球技巧。也许是初生牛犊不怕虎吧，面对 1.91 米的巨星弗朗西斯，1.83 米的新秀尼尔森并不落下风，连续两次断掉对方的球。旁边的希尔与安德鲁·德克勒克边看边笑，谁也很难想到，就是这个矮个子最终夺了"弗老大"的饭碗。

训练结束后，大部分人已经回更衣室了。只有莫布利不走，他自己又狂投了一通三分球，然后把霍华德拉过来玩一对一。

第 1 局"老猫"以 11：4 轻松告捷。

第 2 局霍华德先声夺人，内线硬吃莫布利后，巧妙转身并以激烈对抗后的出手稳定性让我看到了这位头号新秀的巨大潜质，比分交替上升，最终，霍华德凭借着过于明显的内线优势以 11∶8 胜出。

第 3 局霍华德依旧在内线"得理不饶人"，莫布利就像是让着小弟弟一样也不犯规，眼看比分就到了 7∶2……此时，轮到"老猫"球权，他佯装突破却在三分线外开起长枪。

"Swish……"

场边，一个《奥兰多哨兵报》的记者不禁为这记三分球配起了音。

之后，莫布利又是 3 次突破到篮下挑篮成功外加 1 个中距离后仰跳投，瞬间就将比分追平。

本以为这场斗牛即将进入白热化，然而，杀得兴起的"老猫"丝毫不给在场的人享受悬念的机会，连续两次后转身跳投得手后，又是 1 记突破小抛射成功——10∶7，还差 1 球。这时，霍华德也显出一丝的着急，他用背心擦了擦汗，双膝微微下蹲，拍了拍手，双眼紧盯住莫布利手中的球，那架势好像在说："来吧，刚才都是瞎玩，我就认真防这一球！"

"老猫"不紧不慢，在弧顶处边运球边寻找着机会。突然，一个变向运球把霍华德的重心带到右边，然后，马上旱地拔葱，一记 20 尺跳投……转眼间，从 2∶7 落后到连得 9 分反败为胜。

也许是宿命吧，我总觉得，我与"魔兽"的第一次近距离接触看到的那一幕——他与"老猫"的斗牛，折射到目前为止的 NBA 生涯。奥兰多如此，洛杉矶如此，休斯敦亦如此。但此时，还并不知道他后面的故事呢，尽管我对他的大规模接触并采访才刚刚开始。

"这是一个向伟大球员学习的宝贵机会，"此时，霍华德在谈到"洛杉矶是谁的球队"这个敏感话题时也收起惯有的笑容，一本正经地说，"我会认真向科比学习如何成为一名出色领袖的。"

说到做到，德怀特·霍华德在加盟湖人队的初期对科比·布莱恩特还是很尊敬的，而科比对"魔兽"也很爱护。沙奎尔·奥尼尔在

TNT 电视台解说的时候大嘴一张，又把矛头指向了霍华德。他认为安德鲁·拜纳姆以及布鲁克·洛佩斯都比霍华德强。科比马上做出回应："我并不同意他说的。有人付钱给他在电视上做评论，所以我也无法阻止他这么说。我就是觉得这胖哥们儿不应该把矛头指向德怀特，他应该维护自己在湖人队时的名声。"

米奇·库普切克确实努力了，能拼凑出这样的一套阵容，已经足够神奇，但洛杉矶湖人队的这套神奇阵容中却布满了危机，尽管眼前不存在这支球队是谁的球队。

首先，这套阵容又高又慢——史蒂夫·纳什再能跑，他也已经老了；慈世平防守内线还行，碰上速度快的小个子，稍不留神都容易闪腰；而在当时那个时代，小球风潮已经初显，联盟中最强的迈阿密热火队，他们的阵容中并没有真正意义上的中锋。

这时候，就连科比也站出来给媒体降温："我们的运动能力并没有那么强，篮板、攻守转换可能会成为我们的软肋。"

至少，科比还是清醒的。而当看到这样的一套阵容，主教练布朗可是有点蒙了。2012-2013 赛季，他邀请埃迪·乔丹出任进攻教练，湖人队打算使用普林斯顿的进攻体系，结果，湖人队的球员们在不同的战术体系中进行着转换，最终闹出的是一个四不像的结局。

科比的担心不无道理，季前赛，湖人队竟然遭遇到了一波 8 连败，创造了球队季前赛的最差纪录，让看好湖人队的那帮专家们打肿了脸。不过，布朗对此倒是不在意，可是，谁也不知道他是哪里来的自信。尽管季前赛不重要，连续输掉 8 场还表现得如同是故意输掉的，布朗真是一个淡定的教练啊。

更麻烦的是，季前赛结束的时候，科比的身体亮起了红灯，左脚、右肩膀再到右脚，一个月的时间里科比 3 次受伤，而且一次比一次严重。这是危险的信号，但当时没有人想到，这些伤以及赛季中的疲劳作战，会酿成怎样的惨烈结果。

终于到常规赛了。这是真枪实弹的比赛，但湖人队开局就是 3 连败，这也是自 1977–1978 赛季以来的头一回，好在第 4 场，湖人队在对战底特律活塞队时得到了胜利，否则这将会是一个惨不忍睹的开局。

但这一劫湖人队终究是没有躲开，随后他们又输给了犹他爵士队。这场比赛，还有最后 1 分钟结束的时候，眼开大势已去，布朗将科比换下，而科比从布朗身旁走过，将布朗伸出的手晾在了一边；回到板凳席的科比，又将毛巾重重地摔在地上发泄着他的不满，死死地盯着在他面前走来走去的布朗，眼睛里写满了深仇大恨——**后来，媒体将这个镜头称之为"死亡之瞪"；终场哨音还没有响起，科比已经独自走向了更衣室。**

赛后，记者问及科比，糟糕的开局，他是否为这个赛季而感到担心。科比的回应吓坏了所有人："担心？我都快要吓死了，没有看见我正哆嗦吗？"

当然，如果回头去看，湖人队的糟糕并不是迈克·布朗的错。史蒂夫·纳什勉强打了开局两场后，因伤休战到 12 月 18 日；德怀特·霍华德饱受背伤困扰，只能坚持作战，状态并不好；科比自己同样是带着脚伤出战，很多时候他甚至无法参加完整的训练；保罗·加索尔，忠心耿耿的老臣似乎找不到自己的场上位置，在内线妨碍了"魔兽"，在外线抢了科比的。

更为重要的是，这支球队缺乏凝聚力。

但是，已经打成这样了，总得有人背锅吧。没过多久，迈克·布朗就被炒了鱿鱼。助理教练伯尼·比克斯塔夫接过了教鞭。

比克斯塔夫上任后的战绩还是不错的，4 胜 1 负，但斯台普斯中心经常还是会有"我们想要菲尔！"这样的声音传出。湖人队本该去邀请"禅师"再度出山的，"禅师"也认为湖人队主帅非他莫属，但问题是，这时候，巴斯家族内部的斗争进入白热化阶段，没过多久，湖人队宣布：迈克·德安东尼将会成为球队新主帅。

老爷车

问题是：为什么是迈克·德安东尼而不是菲尔·杰克逊？小孩子都知道德安东尼是跑轰大师，可年迈体弱的"新F4组合"能跑得起来吗？

答案是：即将离世的杰里·巴斯德高望重，他欣赏炮轰、三分球、暴扣、快攻，这样华丽的进攻才更能配得上"紫金军团"奢华尊贵的身份，在这时候，他的意愿高过一切，不可违逆。而迈克·德安东尼，这位大师最擅长的就是炮轰，在菲尼克斯太阳队执教期间，他和史蒂夫·纳什的组合虽然没有拿到过总冠军，但却将炮轰这种战术推进到了一个伟大的炮轰时代，这个时代延续至今日，在联盟是压倒性优势，甚至是唯一。

"同几位杰出、令人敬仰的教练候选人谈话之后，巴斯博士、吉姆·巴斯和我都同意迈克·德安东尼是目前能够带领湖人队前进的最佳教练人选。"米奇·库普切克表示。而"紫金军团"的球场主人科比·布莱恩特也对炮轰大师信任有加。开头的时候已经写过，在科比很小的时候，布莱恩特一家搬迁到意大利生活，那时候科比的偶像就是德安东尼；而新秀赛季，科比选择8号球衣也和德安东尼有关。之后，二人在美国队也曾经有过合作，虽然"禅师"没来，但得到德安东尼，也让科比欣喜不已。

"我爱他！"

2012年11月11日，当湖人队做出聘请德安东尼的决定后，科比当晚在电子邮件如此回复。尽管由于种种原因湖人队最终放弃了"禅师"，但科比对聘请与自己父亲是故交的迈克·德安东尼也举双手表示支持。换帅后的第一场比赛是 13 日，主场对阵圣安东尼奥马刺队，当天上午，科比公开表明了自己的态度。

"迈克·德安东尼是我的第一选择，吉姆·巴斯与库普切克来征求我的意见的时候，我就是这么说的。"

"那菲尔·杰克逊呢？难道他不是你的第一选择？"由于科比与"禅师"多年的合作关系，在场的人都对科比这话持怀疑态度。

"实话说吧，当他们（注：湖人队管理层）征求我意见的时候，我根本不知道菲尔·杰克逊也是一个选择！后来他们跟我说菲尔也是候选人之一，我说那他和迈克是我认为最合适的人选。于是当菲尔最终没能成行时，他们知道我的另一个选择。"

"我跟他（注：迈克·德安东尼）很熟，而且我这些年里也多次与他带的球队交手，所以我非常了解他。他争胜心极强，脾气也不小，这些都是我喜欢的！"

听到这话，现场的多数人包括我在内都是半信半疑的，科比应该也明白，所以，没等大家提问，他就自己补充了原因。但当有记者问到没能与"禅师"再度合作他是否感到失望的时候，科比也承认，的确有。

"那是自然。因为我从 20 岁时就受到菲尔的指导。但我知道，他一定很享受现在的退休生活，而且之后没准会以管理层的身份回到这个联盟。"

科比·布莱恩特的这句话倒是透露了"禅师"的内心想法。我猜测，当时这对师徒是有过沟通的，不然，他不能对日后的菲尔·杰克逊入主尼克斯队的身份有如此的神预测。但是，疑问永远是存在的：迈克·德安东尼虽然被科比称为天才级的进攻型教练，但他所提倡的以炮轰为主的"小球战术"却是科比从未经历过的，科比能适应吗？对此，科比是一副不屑的态度，因为他坚信自己的进攻能力。

"我？你把我放在任何一个进攻体系里我也能每晚拿下 25 到 30 分。所以说，进攻体系主要是对角色球员起影响。所以我的得分不会有什么变化，保罗·加索尔也一样。只是那些角色球员会受到影响。"

"湖人队的场均得分会上升到 110 到 115 分之间，你们会重新看到表演时刻。"

在这个新师徒同时出席的发布会上，迈克·德安东尼信誓旦旦，但打到 12 月 13 日，他的球队只有 6 胜 10 负的战绩，大师在"天使城"的首战以 82 ：84 输给马刺队，而且不见炮轰的踪迹倒也情有可原。一来有个适应；二来对手确实强大；第三，如果不是还剩 9.3 秒时丹尼·格林的三分球命中，获胜的会是湖人队，而在还剩 2.9 秒的时候大加索尔的三分球如果命中了，获胜的同样是湖人队。接下来是 3 连胜，114 分、119 分、97 分，恍若夺冠希望又在眼前了。可再接下来，尽管从 11 月 30 日连续 6 场比赛得分"100+"，可从 12 月 7 日起却是 4 连败啊。

这战绩，还不如不换主教练呢。

在这里插播一个故事，跟湖人队，尤其是科比的状况有比较大的关系。在 11 月 16 日面对老东家菲尼克斯太阳队的比赛，安东尼获得执教湖人队的首场胜利后，篮球界发生了一件大事——一场 NCAA 的 3 级联盟比赛中，格林内尔学院的球员杰克·泰勒砍下 138 分，创下了 NCAA 的得分纪录。

"科比，你知道今天有个大学生在一场比赛里砍下了 138 分吗？"有记者跟他扯起了这个话题。

"多少分？ 138 ？"科比惊了，"真的假的？！"

在得到肯定的回答后，科比马上问："那他投了多少个三分球？他们球队一共得了多少分？"

当听到杰克·泰勒投了 71 个三分球后，科比的第一反应是摇头，嘴里嘟囔着："那是有点太多了。"不过他马上就回过味儿，笑着说："不过如果他一个人能在一场比赛里得到 138 分，那他可有资格让任何质疑他出手多的人滚一边去。"

有记者恭维科比说，那小子虽然拿了138分，但那不是在NBA比赛，言下之意是含金量不算高。但科比却马上否认了这种说法："嘿，不管是在任何一个联赛，一场拿下138分都是不可思议的！"科比说完还自言自语："杰克·泰勒……我怎么没听说过这个小孩呀，以后我可要多留意他了。"

从这个小故事可以看出，这时候的科比心情很好，在进攻端也很有竞争，开季以来到12月结束，他在2012年的赛事有4场得分"40+"，从12月7日起连续10场得分"30+"，并且在11月18日对休斯敦火箭队的比赛中打出三双——22分、11个篮板、11次助攻。不仅如此，在2012年12月5日对阵夏洛特黄蜂队的比赛中，他还超越威尔特·张伯伦而成为NBA历史上最年轻的30000分先生。12月25日在主场"招待"卡梅隆·安东尼及其所率领的纽约尼克斯队的比赛中，他以31分、10个篮板、6次助攻压倒对方的34分、7个篮板、3次助攻，不仅打赢了圣诞大战，而且成了NBA历史上的圣诞大战得分王。

在迈克·德安东尼的跑轰体系中，"黑曼巴"返老还童，个人辉煌无比。

但对于洛杉矶湖人队，一个非常严重的问题来了——主教练希望球员们提速，但球员们老的老，伤的伤，一部老爷车就算是很想跑起来，但根本提不起速啊。随着赛程的深入，这个问题被无限放大，深如宇宙黑洞。

12 月 13 日	4 连败	洛杉矶湖人队以 9 胜 14 负排西部联盟第 12
1 月 11 日	6 连败	洛杉矶湖人队以 15 胜 21 负排西部联盟第 11
1 月 23 日	4 连败	洛杉矶湖人队以 17 胜 25 负排西部联盟第 12

一支被《纽约时报》誉为历史上最豪华的组合，现在得为季后赛资格而战了。"球队一点儿活力都没有，也许是因为我们都老了。"雪上加霜的是，老迈的湖人队还遭遇了伤病危机："魔兽"旧病复发，大加索尔在 1 月 6 日主场对阵丹佛掘金队的比赛中，和贾维尔·麦基相撞而出现了脑震荡，无限期休战；替补中锋乔丹·希尔也因为臂部受伤，赛季报销。

危机四伏之下，球员们终于坐不住了，1 月 23 日，就在这波 4 连败之后，将士们召开了球员会议，肆无忌惮地相互指责。将所有的矛盾总结起来，主要是两方面的对立：

一、球员们要求迈克·德安东尼降低节奏，不打炮轰，而德安东尼则批评球员们只知道投篮，不知道防守。

二、德怀特·霍华德抱怨科比是"球霸"，自己得到的机会太少；而科比则要求霍华德战胜伤病，不要因为一丁点儿的小伤小病就缺阵。

虽然会议开得剑拔弩张，但将那些憋在心里的事情说出来，至少痛快了。在批评与自我批评过后，湖人队队员确立了一致的奋斗目标。

这次球员会议后，球队的精神面貌有了很大的改变，湖人队已经开始追赶战绩了，到全明星周末前是 25 胜 19 负——不仅仅是西部联盟第 10 的排位，关键是势头好。大家心情也不错，大加索尔当然是例外，还休养着呢，而且小道消息说他不是因为脑震荡，而是因为德安东尼的炮轰体系中没有了他的位置。2 月 17 日在休斯敦举行的全明星周末赛事，科比·布莱恩特和德怀特·霍华德都入选了西部明星队首发，但上场后基本都是跑龙套，"K 老大" 9 分、4 个篮板、8 次助攻，"魔兽" 9 分、7 个篮板，大家也都能理解，这支球队的目标是总冠军嘛，杜兰特的 30 分帮助西部明星队获胜。

赛前，科比还和东部明星队的首发后卫德怀恩·韦德开玩笑："这次你可别再打我的鼻子了。"科比数据不高，但他完全可以尽情享受着全明星的乐趣，上半场就送出了 7 次助攻，比赛的最后时刻，他更是一对一盖掉了勒布朗·詹姆斯，用防守证明了自己——对这个最大的竞争对手可是不能承让的。

全明星周末热闹过了，湖人队开启新征程，但这时候球队老板杰里·巴斯却撒手人寰——我猜测，老巴斯应该是满意而去的，毕竟他看到了"新 F4 组合"以及这个组合重新走上正轨。很多人在向湖人队老板致敬，包括他们的死敌——波士顿凯尔特人队；科比也不舍老巴斯的离去："他对我来说意味着一切，当年是他把 17 岁的我从费城带到了洛杉矶，其他人都不认可我的潜力。"

老巴斯的死激发着湖人队的斗志，他们在胸前印上了"JB"的字样，表示"老巴斯与我同在"。全明星周末之后的 15 场比赛，湖人队拿下了其中的 11 场，俨然找回了之前的强队风范。但一看战绩，这支豪门还需要为季后赛名额而战：14 场比赛有 7 场的对手是东部联盟的，剩下的 7 场有 6 个对手本来就是季后赛资格没什么大希望，也就是说，湖人队算是白折腾，保住自己的排名——依然是西部联盟第 9——就得了。

▼ 致命伤病

更糟糕的是，正当湖人队走上正轨的时候，伤病狂潮又来了：3月13日客场对阵亚特兰大老鹰队，最后时刻，湖人队还落后2分，科比在底线跳投没能命中，下落的时候，他的脚还踩到了邓特·琼斯的脚，扭伤了脚踝。

如果你正巧是"科蜜"，我就请你记住这个日期：2013年3月13日。如果你正巧是"科蜜"，我就请你住这个地点：亚特兰大，菲利普球馆。

而不管你正巧是"科蜜"还是"科黑"，我都不主张你们记恨这个名字：邓特·琼斯。

日后梳理，这次的受伤才真正断送了科比的职业生涯。但身为前线记者的我，习惯了以客观而理性的角度看问题。当时，裁判并没有认定这是犯规；事后联盟更是没有异议。也就是说，所有的说法都是当事双方的说法，仅此而已。而且，接下来，是科比自己的系列举动而导致他的伤势一步步地恶化，这点，我唯有无限的钦佩，但依然不能怪罪那些防守他的对手，甚至正是因为那些强硬对手的存在，才造就了科比的伟大。

赛后科比坚称，琼斯是有意而为之，但被琼斯矢口否认了："当时，整场比赛我都那样防守他，只不过他扭伤了脚踝。在那球之前，我用这种方法防守了他30分钟，只不过最后时刻他受伤了。"琼斯自然是受到了媒体和球迷们的一致唾骂，而科比自己则说，这是自从1999-2000赛季总决赛第2场被贾伦·罗斯下黑脚以来最严重的一次伤病。确实，当时，他倒地后痛苦抱膝的镜头令全世界的电视观众为之揪心。

但科比毕竟是联盟有名的铁人，他决定继续出战。 结果是，3月15日客场对阵印第安纳步行者队的比赛，他只打了12分钟就因伤退场。实际上，赛前热身的德安东尼就一直在紧张地观察着科比，并且一直在和球队的医疗组交流。这也是科比 NBA 生涯的第 15 次颗粒无收。不过，他的队友们尤其是"魔兽"发威，湖人队还是赢了。但是，毫无疑问，科比·布莱恩特的伤势在加剧。

不管怎么说，科比还是坚持下来了：休战两场后，他继续打比赛。他想用铁一般的意志支持自己的球队，但毕竟科比并非真的是钢铁之躯，更糟糕的是，当他站起来的时候，他的队友们纷纷倒下：慈世平膝盖受伤，史蒂夫·纳什也因为腿部伤势告退。

在科比继续参赛的这段时间里，4 月 2 日，洛杉矶湖人队为沙奎尔·奥尼尔的 34 号球衣举办了退役仪式，科比以"备战"为由没有出席仪式，但对阵达拉斯独行侠队的这场比赛，他又砍下了"三双"：23 分、11 个篮板、11 次助攻，以此回应昔日的带头大哥。这时候的科比依然对自己相同部位的伤势不管不顾，只要将湖人队带到更好的位置，甚至继续憧憬自己的第 6 座总冠军。最坏的结果很快到来了。

4 月 12 日，2012–2013 赛季的倒数第 3 场常规赛，主场对阵史蒂芬·库里和克莱·汤普森率领的金州勇士队，比赛还剩最后的 3 分 08 秒的时候，刚刚连中两记三分球将比分追至 107 ：109，科比在接下来的进攻回合中突破对方阵中的小将哈里森·巴恩斯，但在发力的一刹那摔倒在地，科比痛苦地捂着自己的脚后跟，然后问巴恩斯："你有没有碰到我的脚后跟？"

巴恩斯说"没有"。科比已然明白：大事不好了！但他还是选择了站起来将球罚进，109 ：109。暂停之后，科比拒绝了所有人的搀扶，一瘸一拐地回到了更衣室中。之后，湖人队在"魔兽"和大加索尔的带领下，凭借强硬的防守以 118 ：116 取胜，尽管库里得到了 47 分，汤普森也有 25 分。但比赛结束后，一个噩耗传来：

科比·布莱恩特的肌腱撕裂，赛季报销。

一种在洛杉矶、在美国流传的说法是：从此时此刻开始，科比·布莱恩特就不再是"黑曼巴"了，尽管意志不减，但他的身体已经没有了之前的强势和爆发力。

回头看，整个 4 月科比场均出战 45.2 分钟，出现这样的伤病也就不足为奇了。

"就因为一个我做了上千万次的动作，所有的训练和努力都白费了。该死的，这一切怎么会发生？谁能给我一个解释？"

令人唏嘘的是，科比拼尽全力，只是为了帮助球队进入季后赛。在科比的带动下，包括这场在内，湖人队在收官阶段的 9 场比赛赢了 8 场，最终以 45 胜 37 负排名西部联盟第七，季后赛首轮的对手是西部联盟第二的圣安东尼奥马刺队，0：4，拥有"新 F4 组合"的洛杉矶湖人队惨遭横扫。然后，得交代一下这个组合的各成员在 2012-2013 赛季的得失成败了。

科比·布莱恩特出战 78 场，平均每场得到 27.3 分、5.6 个篮板、6 次助攻，入选了最佳阵容第一队，但却没能入选最佳防守阵容。

史蒂夫·纳什出战 50 场，平均每场得到 12.7 分、2.8 个篮板、6.7 次助攻。对"风之子"而言，这是最令他郁闷的赛季。

保罗·加索尔出战 49 场，平均每场得到 13.7 分、8.6 个篮板、4.7 次助攻，得分不仅是新秀赛季以来的最低，而且是垂直坠落，更郁闷的是，多年不曾谋面的板凳席居然回来了——总共打了 7 场替补。科比的西班牙兄弟也曾经忍让过，也曾经抱怨过，也曾经主动缺战过或"被缺战"过，但无论是在迈克·布朗的体系中还是在迈克·德安东尼的体系中，都没有他的位置，只是一根进攻端的轴而非进攻的终端。季后赛首轮第3场，史蒂夫·纳什开始因伤报销；第4场，"魔兽"打了20分34秒，因两次技术犯规被罚下，大加索尔独自带队打完湖人队的2012-2013赛季，真是反讽啊。

德怀特·霍华德的伤从来就没有痊愈，依然出战76场，平均每场得到17.1分、12.4个篮板、2.4个盖帽，命中率高达57.8%，并且夺回了全联盟的"篮板王"的称号。直到此时，他依然是故事的主角，尽管与科比·布莱恩特、与两位主教练、与洛杉矶湖人队之间也有过一些不愉快，但他毕竟年轻，他这种类型、这种级别的中锋基本消失了。而耐人寻味的是，最后一场在斯台普斯中心——湖人队的主场，第3节，当心烦气躁的"魔兽"因为两次技术犯规而被罚下场，当他走向球员通道而科比拄着拐跟着走出去的时候，两人没有交流。有些不可思议的是：**"魔兽"离场的时候全场嘘声；而当"黑曼巴"进入球场的时候，球迷们却是欢呼雀跃。这，基本代表了洛杉矶球迷的选择。**

▼ 作鸟兽散

尽管"魔兽"在洛杉矶过得并不开心，2013 年的夏天，米奇·库普切克最重要的工作就是留下他。科比也是这么想的，因为他将"魔兽"视为自己在这支球队的接班人——尽管整个 2012–2013 赛季对他的批评多过表扬，甚至很多批评都很严厉。而在休息室里，两人的风格也截然不同。"我希望德怀特能留下来，跟我们一起再拼几年。"科比说。毕竟，史蒂夫·纳什有合同在身，即使老了，但经验和威慑力还在；至于大加索尔，日后的经历证明，如果换个环境他还可以是全明星首发呢。

为了留住科比的接班人，湖人队管理层甚至在比弗利山庄竖起了一块广告牌，上面写着："德怀特·霍华德，留下来。"

最初的时候，"魔兽"也是这么想的，接班科比不是不好，再说，洛杉矶这样的城市全世界能有几个呢？这样的球队又有几支呢？但是，对于这样的一条大鱼，联盟的其他球队怎能放过？休斯敦火箭队、金州勇士队、达拉斯独行侠队、亚特兰大老鹰队都虎视眈眈，于是，"魔兽"在 2013 年夏天开启了他的巡回访问。尽管心急如焚，但湖人队能做的却只有等待。

事实上，在霍华德争夺战中，湖人队是处于优势地位的，毕竟只有他们能给"魔兽"开出 5 年 1.18 亿美元的合同；加盟其他球队，最多只能得到 4 年 8800 万美元。换句话来说，留在洛杉矶"魔兽"不仅能享受这里的纸醉金迷，还能多挣 3000 万美元。和湖人队的谈判正式开始，除了眼下的家族继承人吉姆·巴斯，即大家都称之为小巴斯的湖人队老板和总经理米奇·库普切克之外，迈克·德安东尼、科比·布莱恩特、史蒂夫·纳什也都在场。之前的消息是说，这次谈判进行了不到两小时，看起来双方的对话很成功，但 3 天之后晴天霹雳传来：**德怀特·霍华德在社交网站宣布，他要加盟的球队是休斯敦火箭队。**

消息一出，湖人队球迷炸锅了，纷纷怒斥"魔兽"是软蛋，是叛徒，将他在奥多兰演过的美剧搬到好莱坞重演，甚至有人还焚烧起了他的 12 号球衣。为什么会搞成这样？之后有媒体披露，主要原因就是科比·布莱恩特——对话当天，科比不仅没有拉拢"魔兽"，反而以强硬的方式挑战自己的接班人：

"我可以教你如何夺冠。"

站在中立的立场客观而论，"黑曼巴"的这句话如果用来去教训小辈可能会管用，但用在"魔兽"身上……他自信自己和科比·布莱恩特是同级别的球星。2008-2009 年，他以一己之力带领奥兰多魔术队杀进总决赛；之后选择湖人队的第一个赛季，自己的合同年他尚能继续忍受"K 老大"的指责，在场上只能干苦力活儿，这是情理之中的。纵使勒布朗·詹姆斯去了迈阿密，也要首先顾及德怀恩·韦德在这座城市的客观存在呢，何况本身已经是"紫金传奇"的科比？可在失败的赛季之后，自己显示了能力，而科比却明显走下坡路了，还要他继续在球场上唯唯诺诺、当牛做马，一代巨星情何以堪？于是，他下定决心远离科比，奔赴休斯敦。

前面写过德怀特·霍华德这家伙，人的品性其实不坏，甚至很好，只是一个嘻嘻哈哈的大男孩而已。现在，我就写写他要去的城市，以及为什么要去这座城市。

我每年都要去几趟休斯敦，主要是因为火箭队——"魔兽"职业生涯的第 3 个球队。我对这座城市的偏爱却不只是因为火箭队。

首先，由于地处幅员辽阔的得克萨斯州，休斯敦非常大气。这里拥有大城市应该拥有的一切，而且华人极多；中国城规模之大应该仅次于纽约与洛杉矶；早餐可以吃到正宗的煎饼和馄饨，正餐则可以选择中国各种菜系的餐馆。

由于得克萨斯州的粮食与肉类都是自产，所以价格也比纽约和加利福尼亚州便宜不少。随便举例：在洛杉矶，一碗 9 美元的全羊汤面里只有寥寥几块羊肉；而在休斯敦的中国城，花 6 美元你就能吃一碗带着整根羊前腿的面——俗称"羊腿面"。

不过，以我的了解，"魔兽"看中的不是中国美食，他不好这口儿，但与奥兰多差不多的气候他应该喜欢。

休斯敦的各种价格便宜的中国美食还不是中国城的全部特色，这里除了有各种中国海运过来的百货用品，还有钱柜、麦乐迪等 K 歌房，更夸张的是，就连老虎机房都多。所谓的"一站式服务"是最好的形容词：既能像在中国一样吃、喝、K 歌、打台球，还能像在拉斯维加斯一样"小赌怡情"。

中国城是一方面，这儿的夜店，得克萨斯州大妞的奔放热情，才是"魔兽"最爱——之后他在这座城市的场外生活也有所印证。

此外，詹姆斯·哈登有"夜店小王子"之称，他算是找到好搭档了，更何况哈登口头表态将球队老大的位置让出来，这才是关键吧——科比不愿意给的，"大胡子"送到手边。日后是否兑现承诺不知道，但现在，至少是有了。

不管你讨厌不讨厌，但火箭队这支球队还是很招人喜爱的，尤其是公关人员与球员们。与洛杉矶湖人队、迈阿密热火队、纽约尼克斯队等几支大城市球队那些说话都不看着你说的公关人员不同，火箭队负责与媒体打交道的公关都非常友好，几个球星，从基石级的詹姆斯·哈登、即将到来的德怀特·霍华德，再到过得不如意而即将去洛杉矶的林书豪，也都是非常随便的人，一点儿不端架子。

火箭队的公关主席叫尼尔森，每次我去丰田中心他都主动与我打招呼："你好呀，又来看我们火箭队啦？最近怎么样呀？今天想找哪些球员聊聊？"如果这些还不够，位置绝佳的媒体席也能起到加分的效果：火箭队主场球馆在 2012 年斥巨资安装的联盟第一大屏幕也够震撼。

如此一来，无论你坐在场地的任何位置都能清楚地看到场地上发生的一切。

一座如此惹人喜爱的城市，一支如此惹人喜爱的球队，谁不喜欢呢？我第一次去休斯敦的时候，觉得这地方哪里都好，就是对高速公路太多的收费站有点反感。后来才知道，高速公路收费是因为得克萨斯州没有收入税。现在，一个玄机，"魔兽"离开洛杉矶而加盟休斯敦收入少了 3000 万美元——其实并没有那么多。

但毕竟是少要了 3000 万美元啊，一个大数字，即便是"魔兽"这样的有钱人。所以，思前想后，他的离开也不能全怪他，相反，他是成熟了。

哈基姆·奥拉朱旺、克莱德·德雷克斯勒、特雷西·麦克格雷迪，这些曾经在休斯敦打过球的巨星在结束职业生涯后，仍然不愿离开这里。谁愿意离开？！

我还喜欢这里的另一个地方，由于地处墨西哥湾，休斯敦的格威斯顿市是绝佳的钓螃蟹胜地。这是一个位于休斯敦东南部的小岛，距其仅有 50 分钟的车程。由于小岛与大陆之间没有通道，所以往来车辆都要乘渡船。难能可贵的是，这种能同时承载几十辆车的巨型渡轮是完全免费的，你只需把车开上船然后下车走到船边欣赏墨西哥湾的风景，15 分钟后就到了格威斯顿市。你知道，中国人是多么喜欢吃螃蟹啊，包括我。

科比没这么好的雅兴和心情，说翻脸就翻脸，当"魔兽"宣布离开湖人队后不久，他就取消了在自媒体对其的关注，并贴出了一张自己和大加索尔的合照，并用西班牙语贴上标签："我们一起奋战，酒越酿越香、越老越醇。"

迈克·德安东尼也指责德怀特·霍华德："他的 DNA 里面就带着逃避的标签。"而对于这样的一支湖人队，史蒂夫·纳什同样难掩失望。"德怀特从来就没有渴望过真正成为一名湖人队的成员，在这里，他过得并不舒服。"相比而言，纳什的指责比较委婉；而大加索尔能充分理解"二当家的"有着什么样的苦处，不声讨昔日队友。

所有人都明白，洛杉矶湖人队必须重建了，尽管其他几名队员都在。

重建的第一步就是清理老臣。当大家还没有从"魔兽"的这事情缓过劲儿的时候，湖人队宣布：为了节省 1900 万美元的奢侈税，他们选择特赦夺冠功臣慈世平。

"没有他就没有抢七大战的胜利，对于湖人队来说这是艰难的一天。"科比在社交媒体上写道。好消息是，他之后加盟了纽约尼克斯队，完成了为故乡效力的夙愿。

第二章

告别

2013.12.8 – 2015.12.29

从现在起，只能以欣赏的眼光来看科比·布莱恩特以及洛杉矶湖人队的比赛了，因为他的统治力不再。而最关键的则是，岁月与伤病能击败所有的对手，包括"黑曼巴"。

终身湖人

2013 年夏天的选秀，米奇·库普切克以第 48 顺位挑中了莱恩·凯利——一个白人大前锋，新赛季他便在湖人队打上了首发。连续两次从垃圾里淘到精品，说明如果有必要，湖人队总经理的眼光并不差，"紫金军团"什么时候沦落到这样的地步？这侧面说明这支球队前景相当不妙了。

先后损失了德怀特·霍华德和慈世平，前景一下子变得十分暗淡。与此同时，从 2013-2014 赛季开始，联盟使用阶梯式的奢侈税征缴方式，在严苛的政策下库普切克也是巧妇难为无米之炊。与此同时的事情是，巴斯家族的新掌门人吉姆·巴斯还是实习状态。

薪资结构以及科比·布莱恩特走下坡路、老板家族内部斗争等因素决定了湖人队的吸引力下降，"魔兽"敲响了警钟，但球队却还在幻想中，想得到大牌球员是不可能的，于是，转而在自由市场小打小闹。选秀过后，他们又用低价得到了尼克·杨，著名的"单打王"——不少中国球迷戏称他为"你科·年轻"，算是"图样图森破"的先驱了。一直以来，尼克·杨都将科比视为自己的偶像，所以合同刚签下没有多久，这位年轻人就开始喊"我们是总冠军"了——精神可嘉。

值得一提的是，2013-2014 赛季，湖人队还有外号"小科比"的马尚·布鲁克斯，此人是 2011 年的 25 号新秀，湖人队是他转的第 5 支球队，在"天使城"出战 18 场，每场贡献 6.4 分、1.7 个篮板、1.2 次助攻、0.7 次抢断、0.2 个盖帽，确实全面，但然后直接从 NBA 消失了。不是每个人都能成为林书豪的。新赛季总得搞个什么新意思吧，于是，科比·布莱恩特、尼克·杨和马尚·布鲁克斯，组建起了湖人队的"三科比组合"。除此之外，湖人队还引进了 2010 年的 4 号新秀韦斯利·约翰逊、2003 年的 6 号新秀克里斯·卡曼、自己人乔丹·法马尔，还有肖恩·威廉姆斯、维泽尔·亨利，一大把球员开始征战

2013-2014 赛季了。

尽管谁都不愿承认，但谁都知道，洛杉矶湖人队已经沦落为一支烂队了。

查尔斯·巴克利直接开喷："湖人队是一支相当糟糕的球队，这支球队已经彻底完蛋了！"

"查尔斯爵士队"敢这么说，一定程度和湖人队管理层的混乱有关，大加索尔今天都不知道明天会在哪儿，史蒂夫·纳什真是打不动了。而最主要的原因则是科比的伤情。尽管科比6月就穿上了特制的保护靴，7月就正式恢复了训练，甚至暗示季前赛就有可能出场，但随着时间的推移，对于何时复出，科比却越来越闪烁其词，毕竟科比已经35岁了，不再年轻，这时候他贸然回到球场，基本上就等于赌了整个职业生涯。所有人都看衰科比，所有媒体都质疑科比——整个职业生涯，科比都是那么百折不屈，但这次他还能回来吗？

在球星方面，媒体和专家也几乎是清一色看衰科比，为此，《美国医学杂志》甚至对18名患过、受过类似伤病的球员进行分析，结果是：18名球员在跟腱受伤后，只有44%的球员还能在NBA继续征战超过1个赛季。

ESPN 不是一两年当科黑了，这次又延续了这一传统，在一年一度的球员实力排名榜上，科比·布莱恩特竟然只排在第25位。"要是科比知道有24位球员的排名比他高，他会做出什么反应？死亡之瞪？"湖人队的官方账号这样说道。要知道，德里克·罗斯在2012-2013赛季从没上场，结果，现在的公牛队却排在了第五。结果证明 *ESPN* 对罗斯高估太多，但事实上他们对科比并没有那么"黑"——可能是过于残酷的事实让大家都难以接受罢了。

"黑曼巴"向来是如此心高气傲，他怎能允许外界如此地对自己进行羞辱？而在早前的 *ESPN* 球员实力榜上，科比也曾经只位列第12，当时科比的回应是："12？我记住了。"

而这次科比不再发声，只是将自己的头像默默地换成了"1225"。当记者故意去问科比 1225 是什么含义的时候，科比回应称："这是我家小狗的生日。"

2013 年 8 月 19 日，科比终于在跑步机上迈开了步伐，为了证明自己健康，他甚至玩起了高台跳水。在此期间，科比还前往德国接受治疗，直到 10 月 18 日的 NBA 中国赛第二场在上海开打，他才首次参加了球队的训练。尽管训练中科比展现了不错的状态，但是在比赛开始前他依然西装革履，这可让现场的中国球迷失望不已。这场比赛，科比的球队惨败给了金州勇士队，而科比更是整场比赛都脸色铁青。

好在新赛季开始后湖人队的战绩还不差，首场他们以 116 : 103 取胜对手；打完 11 月的 15 场比赛，湖人队战绩为 8 胜 7 负——对于这样的一支湖人队来说，已经是十分不容易了。科比依然准备着复出，而媒体普遍预测的时间是 12 月中旬。就在这时候，湖人队方面宣布，他们和"黑曼巴"达成了一份 2 年 4850 万美元的续约协议。这份协议预示着科比·布莱恩特将超越约翰·斯托克顿，成为效力同一支球队时间最长的球员，而且未来两个赛季他都将拿着全联盟最高的年薪。

"一日紫金，终身湖人队。"

科比在自己的推特上写下了这几个字。这时候，很多人都感慨湖人队是一支有情有义的球队。"一直以来，忠诚都是父亲灌输给我们的思想。这是他的经商之道，也是他经营湖人队的方法。科比获得的，不过是一个招牌球员应有的待遇。"小巴斯这样解释。看起来，有些方面他继承了他的父亲的基因。

是的，小巴斯说得没错，续约后"黑曼巴"将为湖人队效力到2014-2015赛季，职业生涯将长达20个赛季，包括2013-2014赛季在内，职业生涯末期的3个赛季算上奖金之类的年薪分别是2785万美元、3045万美元、2350万美元。这样的待遇，整个NBA历史上都找不到，包括迈克尔·乔丹。但据估算，以科比的巨大影响力，他每年能给湖人队带来的收入则超过了7600万美元。在NBA，没有哪个老板不爱钱。但相比于"紫金军团"的坦荡，更多的人对这份合同表示质疑。因为有严苛的新奢侈税制度，科比·布莱恩特一人就占据了湖人队相当部分的薪资空间，这让他们的补强捉襟见肘。没钱，你哪来的大牌球员？

一直到科比退役，这种争议都没有中断过，并且相当有道理。这份合同直接预示了湖人队在未来的3个赛季想干什么，如果只看事实，专家和媒体的担心是有道理的。但这句话如果是从口中说出，或者从我的笔下写出，定会伤害"科蜜"以及"湖蜜们"的心。

不过，随后没多久，记者们的视线就转移回了科比复出的问题上了。2013年12月8日，时隔240天，科比·布莱恩特重新回到了球场，对手是多伦多猛龙队。谁都不会忘记，那个81分。这次，专挑这样的对手，科比会砍多少分呢？出人意料的是，在28分钟的上场时间里，科比并没有人们期望中的疯狂出手，而是风格大变，开始传球了：全场9投2中只得到9分，但抢下8个篮板并送出4次助攻。一个不好的信号是：他同时出现了8次失误。这8次失误，直截了当地摆明他的身体状况。

外界普遍认为这时候的科比·布莱恩特已经不再是从前的科比·布莱恩特了，但球迷们无所谓，他们能看到自己的偶像就行。前面说过，犹如池子里的水，"黑曼巴"已经积得差不多了，得分、篮板、助攻、罚球、三分球……创造历史纪录的时刻多了去了，这样的时刻，你不在现场就不能说自己是真"科蜜"。

面对外界质疑，科比很快就证明了自己。10日面对菲尼克斯太阳队，他在 29 分钟里砍下 20 分；不过 13 日面对俄克拉荷马城雷霆队，他又变回了传球大师，这次是高达 13 次助攻，只得到 4 分，却出现了 7 次失误，接下来的两场，助攻分别是 8 次、6 次，这样的数字在他的巅峰期不算什么，但现在相比他的篮板和得分却是太多了！"黑曼巴"似乎是在和"魔兽"较劲：我将教会你怎么夺得总冠军！只不过，他选择了湖人队的一帮潜力模糊不清的年轻人。

从球队的角度看，回归之后的湖人队 24 号球员并没有迅速提升球队的实力，反而是不断增加自己的上场时间，这让他受伤的风险增加了。球迷们的担心不是多余的，没过多久，灾难再次降临。

MAMBA
FOREVER

受困伤病

2013 年 12 月 17 日，湖人队客场对阵孟菲斯灰熊队，首节就令湖人队吃了一惊，开场科比连续两次不中，并且有两次失误，似乎在进攻上也没状态，但随后他 6 次出手 4 次命中，也正是太兴奋而用力过猛的缘故，在还剩 2 分 51 秒的时候被换下场后，在板凳上用冰敷不能解决问题，只好去了更衣室选择其他方式的治疗，正当大家以为他不会回来的时候，他却又上场了。打到第 3 节，还剩 3 分 25 秒的时候，科比在托尼·阿伦的死缠烂打下摔倒！

表情痛苦的科比抱住自己的膝盖做着各种拉伸动作，由于之前回过更衣室，加上是客场，现场球迷误认为"黑曼巴"是假摔，嘘声充满了整个联邦快递球馆。于是，在队友的搀扶下，科比重新站了起来，在湖人队叫暂停的时间接受球队理疗师加里·维蒂的询问后又回到球场，坚持打完了比赛。这场比赛科比总共打了 32 分钟，18 投 9 中，拿到了21 分、5 个篮板、4 次助攻，帮助湖人队以 96 ∶ 92 取胜。至此，湖人队的战绩为 12 胜 13 负，并列西部联盟第十，比预期的要好。

这是复出以来的 6 场比赛中科比表现最好的，有命中率和全面数据，有赢球。赛后大家也没觉得什么，科比甚至还赞扬了托尼·阿伦的防守，并对自己的未来充满信心："当那些必须高出手的跳投命中后，我知道我回来了，尤其是面对如此出色的防守者，尤其是像托尼·阿伦这样的，他完全罩住你，又有身体。能投中那些有身体接触的球我感觉很好，又提高了不少。"但两天后湖人队官方宣布：

科比·布莱恩特左膝关节胫骨骨折，至少休战 6 个星期。

　　2015-2016 赛季的科比·布莱恩特的告别巡演，连续 8 个客场结束后是两个主场，接下来不要去俄克拉荷马城和丹佛了。前一个对手，科比在巅峰期碾压过他们而完成了卫冕，之后是他们碾压过科比而进了总决赛并宣告科比开始走下神坛。这时候，"二少"依然在，但在 12 月 19 日，"黑曼巴"却在开赛前 90 分钟的时候宣布因伤不能登场，即便如此，他还是收获了"二少"的溢美之词，再说，"告别巡演"的最后一个客场就在俄克拉荷马城，不急。22 日来到丹佛，后一个对手不仅没有明星球员而且伤兵满营，科比也不惧高原缺氧，砍下到目前为止赛季最高的 31 分并带走了 1 场胜利："我们没有人可以防守科比……"主教练迈克尔·马龙很是无奈。

　　12 月 27 日来到孟菲斯——一座之于"黑曼巴"非常有趣的城市。科比不仅是灰熊队队史上得分最多的客队球员，而且是联邦快递球馆单场得分历史纪录的保持者：2007 年 3 月 22 日，60 分。第二方面，又因为这支球队的托尼·阿伦的防守而直接导致他的职业生涯彻底拐弯。而且，这儿还有小加索尔，不是拿他当筹码换来"哥哥"，难说科比会成就霸业。又来到这儿，科比首节就砍得 14 分，但之后显出疲态，湖人队输球。

　　到现在了，科比依然称赞托尼·阿伦，认为他是自己职业生涯面对过的最好防守球员。"长胳膊，运动能力强，适合做防守悍将。他是老学校的球员，坐在那儿，看看录像，在你出发前就知道你要去哪儿。"正所谓"英雄相惜"，科比对这个直接导致自己葬送职业生涯的防守悍将并无责怪，反而钦佩万分。这很符合科比的性格嘛。

　　但确实也不能责怪托尼·阿伦，一来那是一次非常正常的防守、一次非常正常的犯规；二来是，本来受伤之后科比如果退场不再继续打比赛，他的伤就不会这么严重——科比不再年轻，这次，他为自己的执着付出了代价。

　　这一过程与 2012-2013 赛季的湖人队收官阶段是完全相同的，不过，这是 10 来分钟，而那次是 10 场比赛：也是受伤了，当时退出，但在休战两场后他坚持继续打比赛，结果在常规赛仅剩两场的时候赛季报销，也导致"新 F4 组合"前功尽弃。

当时只是预计要休战 6 星期。在科比的带动下，这球场是赢了，接下来又赢了明尼苏达森林狼队，但湖人队受伤的不只是科比，还有史蒂夫·纳什、史蒂夫·布莱克、乔丹·法马尔，后卫线几乎没人了，倒是泽维尔·亨利等无名之辈得到了机会，但他们终究是无名之辈，没有了"老大"的湖人队单靠天天身处交易流言的保罗·加索尔苦苦支撑不是办法，战绩每况愈下，6 连败、7 连败接踵而至，距离西部第 12 越来越近。这时候，查尔斯·巴克利又不忘落井下石：

"科比最好还是别复出了。无论他回来与否，湖人队都是一支烂队，也许回来之后，他的情况还会更为糟糕。"

接下来，科比缺席的不仅是圣诞大战，还有全明星赛。但"科蜜们"痴心不改，尽管他只打了 6 场，但仍然被选入了全明星阵容，而且是西部明星队的首发，在所有后卫中位居第二。无奈之中，缺一名队员的西部明星队只好由联盟决定增补正冉冉上升的新奥尔良大前锋安东尼·戴维斯，而在后卫中票选第五的詹姆斯·哈登则替他首发。顺便补充一句，林书豪的票选在所有后卫中居第四，但失去首发后被教练们抛弃了，而分别排在第三、第七、第八的克里斯·保罗、拉塞尔·韦斯布鲁克、达米安·利拉德获得垂青。

由这件事情也可窥知球迷们对他的喜爱程度，那么，"黑曼巴"的受伤对于洛杉矶湖人队、对于整个 NBA 联盟都是损失了。当 24 位全明星球员正在球场上训练的时候，绝大部分记者都前往了采访中心，因为在那里 NBA 正在召开属于科比·布莱恩特的新闻发布会。

"我的恢复过程非常缓慢，非常非常缓慢。"科比强颜欢笑。这时候，他已经知道自己不太可能在 2013–2014 赛季复出。

"我最好的时光已经过去，当然，我会正视自己，迎接挑战，我不惧怕任何挑战，我不会被任何事情吓倒。最大的挑战，或许就是那时候你必须亲口说出，这就是终点了。"

3月14日，湖人队官方正式宣布：

科比·布莱恩特赛季提前报销。

最终，科比在 2013—2014 赛季的出场次数停留在了 6 场，场均 13.8 分，只好于他的新秀赛季。

科比受伤，湖人队也度过了挣扎的赛季，最终他们只取得了 27 场胜利。王朝终到陨落时，但科比并不愿意就此放弃。

"我希望每个人都能静下心来，接受这个赛季，倾听外界对于你们的憎恨。记住每一个在你跌倒时踹你一脚的人。感激现在的一切，因为复仇是一件很甜蜜的事情，无论发生什么，你总能找到解决办法，永不言败！"

这就是科比·布莱恩特！

MAMBA FOREVER

新奥尔良和夏洛特

其实，在 2013-2014 赛季，真正将科比·布莱恩特压得抬不起头来的是克里斯·保罗——因为他，"黑曼巴"甚至就要丢掉在洛杉矶的地盘了。至于季后赛乃至总冠军，最终是勒布朗·詹姆斯率领的迈阿密热火队在总决赛中折戟，和科比一样，三连冠的美梦化为泡影，也与"黑曼巴"没什么关系了，因为詹姆斯对他的赶超已经成了现实，不可逆转。但"洛杉矶的主人"暂时还不想让给"CP3"以及他所率领的"空接军团"。

本来，2010 年 12 月初，洛杉矶湖人队的超级组合"克里斯·保罗 + 科比·布莱恩特"是谈妥了的，但因为当时的新奥尔良黄蜂队处于联盟托管状态，交易方案被其他球队的老板们否决。但保罗也不答应，准备拿起法律武器维护自己的权益，于是，有了方案 B——去洛杉矶快船队。此时他的身边已经有了布莱克·格里芬、德安德鲁·乔丹这两大少壮派，还有昌西·比卢普斯、卡隆·巴特勒、莫·威廉姆斯等有经验的老将，于是，这支 NBA 历史上的超级烂队开始复苏，自 2011-2012 赛季打进季后赛以来，至今都在强队之列。

在 NBA，有两大德比值得关心，一个是纽约德比，一个是洛杉矶德比，前者是伪德比，后者不仅是真德比，而且与科比有着密切关系。快船队的前老板唐纳德·斯特林是著名的小气鬼，在保罗来之前，自 1978-1979 赛季从布法罗搬到洛杉矶，总共才 4 次打进季后赛，前三次都是"首轮游"，第 4 次是 2005-2006 赛季，在埃尔顿·布兰德的带领下进了西部半决赛。

年纪稍长的球迷可能都记得，当时一个话题便是"洛杉矶的主人"要换了——"大鲨鱼"才离开不久，"黑曼巴"带队的湖人队正处于低潮，该赛季反而是他们"首轮游"，之前的赛季根本没进季后赛。当时，湖人队上下对这一言论不屑一顾。事实也是如此。可现在，真的是狼来了。

这只狼，杀到湖人队的家门口——就在科比只打了 6 场比赛的 2013-2014 赛季。之所发生如此大的变化，不单单是"CP3"，而是一个标志性人物——多克·里弗斯的到来。

而这事情的来龙去脉，又有渊源，且待我细说。

球员时代的多克·里弗斯在洛杉矶快船队只打过 1 个赛季，但却帮助他们搬迁后首次打进了总决赛。1991-1992 赛季，核心成员是湖人队三连冠时期的成员罗恩·哈珀、1998 年的头号新秀丹尼·曼宁，所以，他离开波士顿而来洛杉矶也是有历史轨迹的。时间选择 2013-2014 赛季开打前——在上一个赛季打进西部半决赛，这个赛季止步于首轮后，管理层和克里斯·保罗都对主教练维尼·德尔尼格罗产生了不满，解聘了他，但得到新主帅的过程却有波折，采取的是主教练打包交易，快船队付出 2015 年的 1 个首轮签以获得多克·里弗斯的签约权，以让凯尔特人队解除与他的剩余合同。开始的时候，老板觉得吃亏，但保罗一生气交易还是马上达成了。所以说科比·布莱恩特的最大仇人多克·里弗斯能来到洛杉矶，也是"CP3"干的好事。

我怎么感觉与科比·布莱恩特差点儿搭档的"CP3"现在是与"绿衫军"结盟了呢？令人唏嘘的是，一度人们都认为波士顿的三巨头此时所剩的凯文·加内特和保罗·皮尔斯也会一块跟到洛杉矶，而且当事人也都是这么想的。一位匿名人士说："他（注：多克·里弗斯）绝对想要加内特和皮尔斯加盟洛杉矶快船队。"带原班人马在 NBA 的例子不少，但现在的快船队是确实很需要。输球后，在更衣室里，有时候里弗斯会大声质问队员们："你们什么时候能打得像个男人？"对，男人，就是"狼王""真理"以及雷·阿伦那样的男人，前两人都在啊。问题是，联盟对"教练交易"有严格规定——NBA 不允许进行教练交易，但是可以利用选秀权或者现金补偿来得到教练的签约权，同时不允许任何球员参与其中。明白了吧？凯尔特人队总经理丹尼·安吉不同意解除多克·里弗斯的合同，洛杉矶快船队只能选择交易，但球员不行，为避讳，里弗斯的两大弟子，"像男人"的两大弟子只好留下来了。

如果没有丹尼·安吉的这一招，洛杉矶快船队以及NBA的历史又会是什么样子呢？再次的可惜，没有假设……现实是，2013年7月12日，他们被同时交易到了布鲁克林篮网队。

但是，即使没有得到加内特和皮尔斯，从2013-2014赛季开始，"洛杉矶的主人"也彻底更名换姓了：

洛杉矶快船队

克里斯·保罗以及他的洛杉矶快船队，真正地成了科比·布莱恩特以及他的洛杉矶湖人队的仇敌。我喜欢在美国的各大城市走走、看看，没有了科比·布莱恩特的"紫金军团"是如此冷清，我在洛杉矶也没什么特别的事情必须做，于是，又去了几座城市，其中，没有了克里斯·保罗的新奥尔良和有了凯文·加内特和保罗·皮尔斯的纽约市布鲁克林区，在这里得写写。

从顺道的角度，去看看新奥尔良吧。说实话，来新奥尔良还有点私心，一来之前确实没来过，只在《欲望号街车》看过；另外，还有两个深刻印象——爵士乐与新奥尔良烤翅。二来，洛杉矶湖人队冷清，但2013年的冬天新奥尔良热闹，NFL的超级碗在这里举行。这赛事就不必仔细交代了，一句话，与独立日、圣诞节一起号称美国的三大节日，类似于中央电视台的春晚。

初登新奥尔良，方才知道这里是爵士乐的发源地不假，新奥尔良烤翅则与所谓的"加州牛肉面"一样，都是无稽之谈。

出了机场，步行就可以走到租车大楼。拿到车钥匙的同时，还得到了一串花花绿绿的项链。我问租车公司的工作人员为什么给我这个，对方热情地答道："你已经来到 Party City（注：派对之城），当然要戴上象征我们城市的项链啦！"

派对之城？以前从没听说过。一路开车从机场到市中心也没发现这座城市有什么特别之处，反而觉得道路两边的住宅有些破旧，难免联想到 2005 年 8 月的卡特琳娜飓风——登陆美国的地点就是佛罗里达半岛，我第一次的驻扎之地。但受损失最大的却是地处墨西哥的新奥尔良。飓风过后，新奥尔良开始了漫长的重建，包括 NFL、NBA 在内的各大体育联盟为了帮助这座城市，也分别将超级碗与 NBA 全明星赛安排在这里。

车开到市中心后给人的初印象是交通堵塞，原因是道路狭窄且车辆太多。由于新奥尔良曾经是法国殖民地，城市建设与一些风俗仍然有着深刻的法国烙印。比如法国天主教徒每年要过的一个名为"Mardi Gras"的狂欢节，新奥尔良的人把这个狂欢节与"派对之城"很好地融合在一起，将这个本应一年一度的狂欢节演变为贯穿整个 2 月的狂欢活动。

夜幕降临，我真正体会到了"派对之城"的意思。市中心的人越来越多，路越来越堵。零点以后，连北京或洛杉矶这种交通堵塞如此严重的城市都不会再堵车了，但新奥尔良的市中心却仍然堵得严严实实。回到酒店往耳朵里塞上耳塞企图睡觉都是徒劳，各种喧闹嬉笑一直持续到凌晨 4 点多！

我本以为这只是意外，但之后几天依然如此。2014 年的 NBA 全明星周末也在新奥尔良，我再次造访，才发现新奥尔良的夜是夜夜如此。如果你是派对狂人，这里可谓天堂，因为夜越深就越热闹；如果你只是出差，想睡个好觉，那千万不要住到新奥尔良的市中心来，原因如前。

除了派对、酒吧与夜总会，新奥尔良的市中心还有全美出名的红灯区以及拉斯维加斯级别的大赌场。这里的夜晚有太多可以去的地方，NBA 的新奥尔良鹈鹕队与 NFL 的新奥尔良圣徒队的主场都在市中心。而看似大邮轮的船，实则是一座不能行驶的海上赌场。每当比赛结束，从球馆涌出的人流可以迅速注入市中心的各种娱乐场所继续他们的夜生活，这让我很好奇这里的人都是什么时间睡觉的。

我发现，赌场太发达的地方多数不会有 NBA 球队，至少美国是这样的。这座城市与 NBA 结缘是在 2002-2003 赛季，由夏洛特黄蜂队搬迁而来，搬迁原因主要是老板乔治·辛名声相当臭而导致在夏洛特没票房，但搬迁后也是命途多舛，飓风过后无法打比赛，只好临时在俄克拉荷马城待两个赛季，将那儿的市场培育起来后，人家便有了俄克拉荷马雷霆队，自己再搬回新奥尔良。搬来搬去，好在有克里斯·保罗，基本票房有保障的。可是，由于老板被检查出患有前列腺癌需要回归大森林疗养，要卖掉球队，当时不走俏，暂交由联盟托管。人心涣散之下，克里斯·保罗走了，2012 年夏天选到安东尼·戴维斯，渐渐才有巨星气质，2013-2014 赛季改名为鹈鹕队。但我抽空来看 2013 年 2 月 4 日在此举办超级碗的时候，成绩与球市都还没起来呢。时值中国春季，加上湖人队成绩这么差也不需要怎么写稿子了。

而克里斯·保罗，已经令"天使城"只有快船队而无湖人队了。这就是科比·布莱恩特与克里斯·保罗以及新奥尔良鹈鹕队之间的全部故事。有巫山云雨，沧海桑田，历史的变迁令人感叹。

正所谓"花开两朵，各表一枝"，夏洛特空缺了几个赛季，但在黄蜂队搬离之前，NBA 联盟便已承诺他们未来可以组建新的球队，拉里·伯德曾经带着财团去竞标，征集队名时曾经有过"山猫队""飞翔队""龙队"等名字，而当 2004-2005 赛季新球队正式参赛时，名字叫夏洛特山猫队。这是 NBA 联盟的第 30 支球队，完全新军，跟新奥尔良没有半毛钱的关系，但依然经营不善，2010 年倒手卖给了迈克尔·乔丹，2014-2015 赛季实现队名的大复辟——夏洛特黄蜂队。

但克里斯·保罗毕竟是在一支名叫黄蜂队的球队成名并攀上个人的巅峰时期，何况这支球队的老板是迈克尔·乔丹——科比·布莱恩特内心深处的偶像。2015 年 12 月 28 日，科比·布莱恩特"告别巡演"的连续第 12 场就是新奥尔良，又怎能没有故事？

最好的礼物来自正在休假的迈克尔·乔丹，尽管他没有来到现场，但在双方跳球前，"飞人"送给"黑曼巴"的录音信息在体育馆的电子记分牌上播放。

> "你对篮球运动是一个很大的帮助。你帮助了 NBA，你帮助了推广 NBA，而我相信你的球迷已经遍布全世界。我也是你的铁杆球迷。我为你以及你在这项运动中所取得的成就而高兴。"

1996 年的选秀大会，科比·布莱恩特是 13 号新秀，如果他没有被交易到洛杉矶而留在这座城市，会有日后的新奥尔良黄蜂队吗？迈克尔·乔丹会成为夏洛特黄蜂队的老板吗？克里斯·保罗会被中国球迷册封为"蜂王"吗？此时的"蜂王"是肯巴·沃克，他以拿下 38 分、6 个篮板、5 次助攻，率队以 108：98 取胜的方式致敬前辈："我只想赢球。在这座球馆里最后一次和科比对抗感觉很棒，但击败他同样很棒，我不想只是当他获得'W'（注：胜利）的时候充当另一端。"

照例，"科比！""科比！"的喝彩与欢呼响不停。

布鲁克林和波士顿

12月30日，科比·布莱恩特"告别巡演"的连续第13场是波士顿。

但我要探访的却是纽约市的布鲁克林区。多年来，布鲁克林在我心里都是非洲裔美国人聚集地的代名词，时过境迁，如今的布鲁克林已经有不少中国人以及中国餐馆、中国超市。即便如此，夜色下的布鲁克林还是令人胆寒，如果恰好又是冬季，这地方仍然让我不寒而栗。

纽约地面交通状况差，拥堵不堪且停车费劲，好在整个都在长岛南端、与大陆有海道分隔开的布鲁克林区地铁系统比北京还完善，所以，每次到纽约我定不会租车，而是买1张55美元的一星期通票，地铁、地面公交车随便坐。

还是2014年的中国春节，在新奥尔良看完超级碗就过来了，这次选择住在曼哈顿的一个公寓里，也看看有了凯文·加内特和保罗·皮尔斯的布鲁克林篮网队。门口地铁可以直达巴克莱中心。从地铁站一上来，巴克莱中心与篮网队的首发五虎的巨幅头像出现在眼前。2013年迁到布鲁克林里，篮网队虽然已有了德隆·威廉姆斯、布鲁克·洛佩斯与乔·约翰逊，但是并没有现在的这种巨幅头像的装饰。

毫无疑问，篮网队的底气更足了。夜色下的巴克莱中心在巨幅头像的映衬下挺有气势，是否成为夺冠热门暂且不说，"星味"已经非常足了：洛佩斯算是新生代，德隆·威廉姆斯与乔·约翰逊算中生代，而从凯尔特人队来的"二老"自然是老派巨星。5人凑一起，吸引力足以涵盖从20岁到50岁的球迷群体。

2012年才建成的巴克莱中心很大很新，与犹他爵士队和俄克拉荷马城雷霆队等球队的聚声能力超强的主场相比，这里显得有些太大了，即使全场满座的球迷一起欢呼也没有那种震耳欲聋的感觉。而且与同城兄弟纽约尼克斯队的麦迪逊广场花园相比，巴克莱中心显得历史底气与球迷基础不足——毕竟只有两年的历史，想足也足不了。

比赛就略过。结束的时候大概是晚上 10 点，球迷用半小时左右的时间陆续退场，多数都是出了球场直接涌入门口的地铁站。既然来了，就顺便工作呗，结束后是晚上 12 点 30 分，球场外已几乎没人。夜色下的布鲁克林不是久留之地，我快步往地铁站走去，下楼梯时发现一个盲人大叔也在下台阶，由于电梯已经关闭，他只能一阶一阶地慢慢试探着挪步。

我走上去想扶着他一起下楼梯，盲人大叔非常警觉："你干吗？"

"我想扶你一起下楼梯，"我回答他说，"我也坐地铁。"

"你松开我，不要碰我，"他戒心极强且语气强硬，"你要去哪里？"

告诉他我要坐地铁回曼哈顿并问他坐哪趟列车，盲人大叔马上说："我就在这里站着，哪里也不去！"之后，他便站在原地，一动不动。

我无奈地摇摇头，自己走下楼梯，边走边想，他对待帮助他的人能有这种戒心极强的反应只有两种可能性：一是布鲁克林是一座没有互助的城市，帮助别人与接受别人帮助都不正常；二是他以前受到过别人的伤害，所以对一切陌生人的帮助都保持极高的警惕与戒心。

在车站等地铁，半夜的布鲁克林让人无法放松下来。车站里只有一两个看似流浪汉的非洲裔美国人，想起以前我小姑姑讲过她在纽约地铁里被非洲裔美国人往脸上吐痰的经历，虽然现在对亚裔美国人的歧视已经远不如当年那般严重，但是我仍然暗自感叹：不应该在夜里 12 点 30 分坐布鲁克林的地铁——对于我这种外来客，布鲁克林绝对不是天堂。此后，我没有去过布鲁克林。

这座城市，应该是适合凯文·加内特和保罗·皮尔斯的，他们在全世界以凡人莫及的坚硬而闻名。

但再硬也拗不过联盟的相关政策，这就是美国。于是，便有了他们在布鲁克林的故事，而没能在 2013-2014 赛季去洛杉矶找科比·布莱恩特报仇——这二位也是有仇必报的汉子。殊为可惜的是，布鲁克林的五虎将犹如洛杉矶的"新 F4 组合"，毕竟是老了，而贾森·基德再牛也是菜鸟教练，一通慢热，2013 年的赛程结束才 10 胜 21 负，依靠后程发力以东部第五的身份打进季后赛，可为时太晚，首轮与多伦多猛龙队大战 7 场而耗尽体能，次轮便被冲击三连冠的迈阿密热火队以 4 ∶ 1 给淘汰了。

接下来，正指望老将们大干一场，但由于贾森·基德欲望太过强烈而与管理层发生矛盾，于是，又作鸟兽散。过程与结果简述如下：保罗·皮尔斯在 2014 年夏天加盟了华盛顿奇才队，2015 年夏天又转投了湖人队的同城死敌——洛杉矶快船队，终于与多克·里弗斯、克里斯·保罗会合，合同期 3 年；凯文·加内特在布鲁克林伤病不断，打了 42 场便回到了自己的老地方——明尼苏达森林狼队，合同期 2 年，由于双方充分信任，他主动去掉了交易否决权；当热火队在 2013–2014 赛季冲击三连冠失败后，雷·阿伦既不宣布复出也不宣布退役，至今过着隐居生活。

所以，科比·布莱恩特在波士顿的告别，纯粹是——一座城市。但我相信，波士顿之于"黑曼巴"，地位应该是仅次于洛杉矶的 8 号和 24 号，哪个号码对科比意义重大？科比很可能回答：24 号。

8 号的科比还是个男孩，而 24 号的科比已经是男人。波士顿的 TD 北岸花园，科比在这里谱写了一曲男人之间的爱恨情仇。

洛杉矶湖人队对阵波士顿凯尔特人队，一边拥有 16 座总冠军奖杯，一边拥有 17 座总冠军奖杯——33 座总冠军奖杯几乎占领了 NBA 历史上总冠军的半壁江山。而在总决赛中的交手，他们相互之间就有 7 次。而 2007–2008 赛季的 TD 北岸花园就是科比的噩梦，每当他提到波士顿，心里也是五味杂陈——只有他知道，当年被三巨头击败是多么痛苦。但是，他喜欢波士顿的魔鬼，他喜欢在那里打比赛，因为他是"紫金军团"的战士，嗜血、有仇必报。

"在我职业生涯的后半段，这里是一个重要的地方，因为我们在这里输掉总决赛。那是一个很大的转折点，我必须去做领袖。"这是科比记忆最深的地方。2007–2008 赛季的总决赛，科比彻底被三巨头围剿，第 6 场更是直接将科比的冠军梦埋葬在这座城市。

复仇？那是必须的。

科比曾经说过：

"如果不带着英雄之名死去，那么你就将苟延残喘着见证自己变成恶棍。"

科比总爱自嘲，总爱将自己扮演成英雄或者恶棍的形象，就如同2009-2010赛季的总决赛，他以恶棍的身份带领着兄弟们重新回到这座城市，最终变成英雄，第2次捧起了总冠军奖杯。

这次，科比是带着自己的两个女儿和妻子一同来到TD北岸花园："我想带她们来看看这里，让她们一起感受这里的气氛。"尽管这是"告别巡演"的一部分，但波士顿人并没有像其他地方的人一样给予科比鼓励和掌声。嘘声才是这里的全部——科比最喜欢这种嘘声，他又可以再次扮演恶棍，在这里击败对手。

果然，恶棍这个角色让科比打得很有侵略性，仿佛一夜回到了2009-2010赛季的总决赛，他还想象着自己在这里的成功和失败，而在只剩最后的7分23秒回到球场并接管比赛，这段时间命中两记关键的三分球，总共拿下9分——112：104，一切，如同故事书，恶棍走了，带着在这里的最后一次的胜利而昂首离开。

"我希望可以向他们表达我的感激之情，我想他们也难以想象（他们）对我是有多大的激励。我真不敢相信自己是最后一次来这里打球了，仿佛昨天我还在打总决赛。"

科比很感谢波士顿球迷，如果不是他们，或许就没有2010年的总冠军。你来，我用嘘声给予你最崇高的尊敬；你走，我用欢呼声给予你最深深的祝福——离开的时候，TD北岸花园终于爆发出喝彩："科比！科比！"也许，只有波士顿人才会送给科比这样的礼仪，也唯有这里让科比更加地爱恨分明。只是现在，他已经很平和了："我是完全平和的，真的很平和。是时候了。"

🏀 最后的梦

这个世界上的很多人不知道自己的等待是为了什么。但洛杉矶湖人队明白，他们一直在等待的就是科比·布莱恩特。

27 胜 55 负，自从 1960-1961 赛季搬到洛杉矶，"紫金军团"还没有过经历过如此惨痛的赛季，伤病加上实力不济，炮轰大师也无以为继，一个赛季迈克·德安东尼排出过 35 套首发阵容。在球迷们的愤懑声中，他选择了辞职——当然，这只是保全颜面的一种说法，在 NBA 就是这样，输球就需要有替罪羊。

而且更现实的问题是，当初德安东尼来到洛杉矶的时候科比满心欢喜，但在 2014 年夏天，他明确表示不愿意再为儿时的偶像打球了。但谁都知道，没有出色的球员，就算是格雷格·波波维奇、阿诺德·奥尔巴赫也很难将湖人队带回到巅峰时代。糟糕的战绩之下，对于湖人队唯一的好消息就是选秀大会了——2014 年是难得的选秀大年。尽管这依然是选秀小年，但湖人队有着 6.3% 的概率抽中头号签确实很不错。可是，这时候连上帝都不眷顾湖人队，本期望能抽到大 BOSS 一举翻盘，但最终他们只获得了第 7 顺位；克利夫兰骑士队则是人品大爆发，只有1.7% 的概率竟然得到了头号签，最终，湖人队用这枚选秀权得到了运动能力出色、打球努力的朱利叶斯·兰德尔。

当然，一个兰德尔这样的 7 号新秀肯定不够，湖人队还需要在自由市场继续挖掘。2013-2014 赛季结束，迈阿密热火队冲击三冠失败的同时，三巨头合同全部到期，郁闷的詹姆斯迟迟不肯续约；而卡梅隆·安东尼在纽约过得也不怎么开心了，37 胜 45 负无缘季后赛，还不如在丹佛的时候呢。那么，洛杉矶湖人队……*"科比·布莱恩特 + 勒布朗·詹姆斯 + 卡梅隆·安东尼"如何？米奇·库普切克又开始了惊天动地的谋局。*

"如果有球员做好了挪窝的准备，我们已经虚位以待。我们有着足够的薪资空间。"库普切克总经理这样说道。他甚至还暗示，"黑曼巴"会亲自出面参与招募。"如果科比接触他人，或者说其他球员接触科比，我都不会感到惊讶的。"

并且不用担心尚处于自由畅想阶段的洛杉矶三巨头的兼容问题，也不用担心球权不够，科比、詹姆斯和安东尼曾经在美国队搭档，而且是两届了如果是和这两位超级球星搭档，很多人相信科比会甘愿让贤。但最大的问题是，这两位超级巨星会来洛杉矶吗？毕竟此时的"紫金军团"薪金空间有限，而在老巴斯过世后他们又不再大手大脚花钱，如果加盟，他们都只能拿到1600万美元的年薪，肯定大大低于他们的心理预期——他们都不缺钱，但钱对他们就是一种身份、一种象征。这样的案例在NBA历史上上演过无数次了，在最著名的"1美元之争"中，连在物质方面与世无争的比尔·拉塞尔也不能例外。

果然，湖人队的美梦没做多久就破灭了：勒布朗·詹姆斯再次发表"决定"——回克利夫兰。为此，骑士队将刚刚选中的安德鲁·维金斯送到了明尼苏达森林狼队以换取凯文·勒夫，以博詹姆斯之欢心。"甜瓜"确实想过转投洛杉矶，他的妻子拉拉一直都想要去好莱坞发展，不过一来科比·布莱恩特缺席了湖人队管理层和卡梅隆·安东尼的这次会面，事后有人称在UCLA看到了二人同场训练；二来纽约尼克斯队在"黑曼巴"提前赛季报销的3月14日正式宣布菲尔·杰克逊担任球队总裁——他的声誉就是"甜瓜"的信心。这样，转了一圈之后，"甜瓜"决定留在纽约。

随后，没有追到大牌球员的湖人队遭遇到了更大的打击：保罗·加索尔和尼克·杨等球员都选择恢复自由球员的身份。其他球员还好，只是常年被湖人队当作筹码和这个队谈判和那个队谈判而被伤透了心的大加索尔，在自由市场开启后，湖人队的第一想法是追逐勒布朗·詹姆斯或者是卡梅隆·安东尼，全然不顾他的存在，最终，这位功勋老臣对湖人队死心。他决定离开科比·布莱恩特，离开洛杉矶。这是湖人队继续犯的大错。

这时候，保罗·加索尔的价值才体现出来了，洛杉矶湖人队不把他当回事，但圣安东尼奥马刺队、俄克拉荷马城雷霆队、芝加哥公牛队却抢着想要得到这位超级内线。湖人队管理层这才如大梦初醒，赶紧给大加索尔开出了 2 年 2300 万美元的合同，之后又追加到了 3 年 2900 万美元，但最终保罗·加索尔选择了做人的骨气，不再回头，大步流星地走向芝加哥。

对小巴斯比较讽刺的是，保罗·加索尔在"风之城"芝加哥公牛队的新合同为 3 年 2200 万美元，不算优厚，而且比洛杉矶的开价少了整整 700 万美元。这一幕跟德怀特·霍华德远赴休斯敦是何其相似，只能说这时候的"天使城"伤透了球员们的心。签约后，大加索尔第一时间打电话给科比，对"黑曼巴"进行了解释："科比明白这个决定有多么艰难。我们之间的友谊是一辈子的。"

连大加索尔都走了，米奇·库普切克突然间发现：**几十年的豪强洛杉矶湖人队已经彻底成了烂摊子，毫无吸引力，根本就没有人愿意加盟**。迫不得已，只好选择用 4 年 2150 万美元的合约留住了尼克·杨。签约之后，科比第一时间打电话给尼克·杨："你必须马上扎到训练馆中，开始训练，我们不能让外界小看。"不过，从日后的球场外的行为与球场表现来看，尼克·杨并没有将"K 老大"的话放在心里。

这时候，也许是为了报答无偿获得"魔兽"的大恩大德，休斯敦火箭队送来了大礼——7 月 15 日，为了追求克里斯·波什而将林书豪送来了。对中国球迷而言，这可能是整个夏天最令人兴奋的消息。

显然，最初加盟湖人队的时候，林书豪是被寄予厚望的，除了承诺给予更多的出场时间，甚至有意让林书豪穿上科比·布莱恩特职业生涯前 10 年所穿的 8 号战袍。最终，林书豪选择了 17 号——当年在纽约打出"林疯狂"时候的球衣号码，这也代表了他的愿望。

"我非常兴奋能够加盟湖人队，这是一个非常好的机会。我渴望和科比一起上场打球，他是我最好的老师，科比想赢球，我也想赢球。我会刻苦训练，赢得科比的尊重。"当时的林书豪如此说道。

　　科比也悄悄地关注了林书豪，并向他发了短信："欢迎来到这支球队。"

　　在 1 号位，老迈的史蒂夫·纳什伤病不断，已经难担大任，现在终于可以放心了。之后，湖人队又是签约自由球员，又是引进其他球队裁掉的球员，从而得到了很多人，比如泽维尔·亨利，比如埃德·戴维斯，比如卡洛斯·布泽尔，比如韦斯利·约翰逊，比如韦恩·艾灵顿，比如罗尼·普莱斯……令人担忧的是，只有林书豪是通过交易得到的。

　　引援工作就此结束了，还需要寻找新主帅。

　　首先"禅师"是不可能的，小巴斯当权一日，他就不可能回到湖人队。其他教练，柯特·兰比斯、阿尔文·金特里、莱昂内尔·霍林斯、乔治·卡尔都曾进入过小巴斯的视野，但经过多次面试后，最终选择了自家老臣拜伦·斯科特。

　　这是最好的选择。连我也是这么认为的，最初。

　　当"黑曼巴"刚进联盟的时候，拜伦·斯科特曾经是他的队友，而且是湖人队为了教科比快速入行而特意从自由市场签回来的，在他职业生涯的最末赛季，等于是手把手地将科比带进了 NBA 的大舞台，由此，二人之间结下了深厚的友谊。

　　"他是我在菜鸟时期的导师，我们之间的关系非常亲近。"此时，科比也是这样说的。

　　此外，看资历更不得了，刚出道的时候就将新泽西篮网队这样的烂队连续两季带进总决赛，又将另一支超级烂队新奥尔良黄蜂队带进季后赛次轮，贾森·基德、克里斯·保罗都受过他的调教，再加上 20 世纪 80 年代的"SHOWTIME"时期铁打的首发，有谁不服？

　　事实上，执教湖人队期间斯科特和科比之间几乎没有产生过什么矛盾。你不得不承认，尽管战绩不佳，但在某些方面，斯科特还是有一手的。只不过他的"这一手"却坑惨了许多球员，包括林书豪在内，这很快便现端倪。

　　别看湖人队没有得到什么大牌球星，但对于球队这个夏天的动作，科比却点头表示满意。科比认为球队在追逐勒布朗·詹姆斯、卡梅隆·安东尼等大腕方面已经尽力，尽管结果不尽如人意，但无须责怪任何一个人。"我可以坐在这里，百分之百真诚地告诉你，我对球队在今年夏天的运作十分满意。我们的应变措施非常及时，也非常到位，我们引进了一些非常可靠的拼图。接下来，我会毫无保留地尽全力出战，带领球队重新回到顶级水平。""黑曼巴"永远都是那么壮志凌云，豪情万丈。

但外界的声音却是哀鸿遍野。依然是 *ESPN*，依然是实力榜，洛杉矶湖人队仅位列第 25 位。

这次，无独有偶，"天使城"的标志性人物之一，NBA 的"LOGO"杰里·韦斯特也表示："毫无疑问，科比是湖人队队史上最伟大的球员之一，他也会继续留在这里延续传奇。但他可能再也无法得到总冠军了。"连一手将科比扶持到今天的"湖人队教父"都这么断言，可能事情不太妙了。

事实上根本就没有人看好湖人队。

很多人都相信，季后赛已经是这支球队的极限；当然，更多人认为，一旦开局不妙，湖人队会直奔乐透区——一个显著的时代变化，连洛杉矶湖人队和纽约尼克斯队这样的球队都要开始学习摆烂了。

黑曼巴的倔强

　　只要还能上场，科比·布莱恩特仍然是科比·布莱恩特，2014-2015赛季，这位36岁的老将场均可以拿下22.3分、5.7个篮板、5.6次助攻，数据上看，足够华丽。但回头看，投篮命中率只有37.3%，三分球命中率更是只有29.3%，也就是说，湖人队24号球员的高数据是建立在疯狂出手的基础之上的。

更糟糕的是伤病始终没有远离湖人队，这诅咒，一开季就来了。

　　史蒂夫·纳什重新回到湖人队，履行最后1年的合同，但却背伤复发，10月23日，湖人队官方宣布他赛季没开始就已经报销了。这也意味着他的职业生涯到此为止。而非常戏剧化的事情是，10月8日，史蒂夫·纳什在Facebook发表致球迷的长信说明情况后，他就从人们的视线中消失了，而当11月中旬记者问及拜伦·斯科特，史蒂夫·纳什现在人在什么地方的时候，他的回答竟然是"如果我的教练给我打过电话，而我当时没有接到我一定会回复的"。他的意思是，他反复联系两届MVP希望他能回来指导年轻队员，但根本找不到。最终，纳什还是回来履行工作合同了——他给湖人队留下的唯一财富，仅仅是训练馆中对于新秀乔丹·克拉克森的言传身教。

　　揭幕战，斯台普斯中心，休斯敦火箭队VS洛杉矶湖人队。看点多多——看科比·布莱恩特复出后的状态如何，看林书豪和"魔兽"如何分别面对老东家，看湖人队多年不遇的高顺位新秀——朱利叶斯·兰德尔有着什么样的能耐。

　　这位湖人队多年不遇的新秀因右腿受伤而离场，赛后很快宣布赛季就此结束了。史蒂夫·纳什的情况同样不好，同样是早早地赛季报销，结果是，球迷们最关心的"黑曼巴"在他职业生涯的第 19 个赛季——追平了约翰·斯托克顿代表同一球队征战 NBA 的最长赛季纪录——的揭幕战拿下 19 分、3 个篮板、2 次助攻，命中率是 17 中 6。

与科比在后场搭档首发出场的是林书豪，休斯敦火箭队是他的老东家，结果他 5 投 1 中才 7 分，并且有 4 失误，但也送出了 6 次助攻，摘下 2 个篮板，如同他的职业生涯——习惯性慢热。

洛杉矶湖人队则是德怀特·霍华德的老东家，他的数据是 13 分、11 个篮板，说好去休斯敦当老大的，结果成了砍下 32 分的詹姆斯·哈登的配角。打到第 3 节还剩 7 分 7 秒的时候，落后 20 分的湖人队已经没有了赢球希望，但科比并没有轻言放弃，在一次拼抢篮板的过程中，在"魔兽"已经控制球的情况下，他仍试图抢球，手打到了霍华德。霍华德也不甘示弱，随后一肘子打在科比的脸上。当时，我不仅就在现场，而且是近距离地目睹了他们的这次冲突，可能是以往的怨气在这一时刻集中爆发，科比对于霍华德的这个肘击动作异常愤怒，直接冲上去大骂，霍华德也不甘示弱，两人迅速纠缠到一起。由于身边有裁判和各自的老队友，打架是不太可能的，但言语上的交锋却异常激烈。

当时科比是这样骂霍华德的："Soft！ Try me！"怨气之深可想而知，现场的摄像机也完整捕捉到了科比的口型。而"魔兽"的回应则是："I know you，dog！"翻译过来，二人的吵架内容很精彩。

科比·布莱恩特："软蛋，动我试试！"

德怀特·霍华德："我知道你是什么样的人，老狗！"

除了这些，最大新闻当数朱利叶斯·兰德尔，他的 NBA 处子秀只有 13 分 34 秒，贡献 2 分，便因右腿骨折而离场，然后他的新秀赛季到此为止。

最终，火箭队以 108 ： 90 不出意外地拿下了胜利。除此之外还有两个数据也值得关注：一是卡洛斯·布泽尔的 17 分、7 个篮板、

2 次助攻，命中率高达 13 投 7 中；二是乔丹·克拉克森，对，2014 年的 46 号新秀，华盛顿奇才队挑中的，选秀次日便被换到了洛杉矶，只要了一点儿现金而已，本场比赛他不仅得到 20 分钟的上场时间，并且贡献了 8 分、4 个篮板、2 次助攻。

分析各种信号，我总觉得洛杉矶湖人队 2014—2015 赛季的揭幕战充满了各种诡异与诅咒，对湖人队甚至是对从湖人队离开的"魔兽"有着太多的暗喻，看了这场揭幕战就等于看完了整个赛季。总结起来有如下 5 条：

第 1 条，单说这次冲突，"魔兽"吃到了恶意犯规，"黑曼巴"也吃到了技术犯规。赛后的新闻发布会谈及此事，当斯科特谈到这两位巨星"相互之间并不喜欢"的时候惹得科比笑了："你会情不自禁地喜欢他。他就像是泰迪熊。我的意思是他是个好孩子。"我也是这么评价我采访的第一个 NBA 球员——德怀特·霍华德的，但这只"泰迪熊"从这场比赛开始逐渐落为火箭队的二号球星，殊为可叹。

第 2 条，从这次的新闻发布会开始的所有发布会，斯科特与科比这对师徒在未来的两个赛季是这么配合的——似乎，这位主教练的任务就是在科比的最后两季尽情赞美这位巨星，这算是完成任务了，其他的都不重要，包括队友的发展空间，包括战绩。

第 3 条，从数据统计表来看，这场比赛科比是唯一的球星，当然，我说的是出手机会。而日后的比赛但凡他登场都是如此。显然，对于现状，科比还是很难说服自己，他希望以一己之力扛起球队，但却没发现自己已经不是原来的自己了。

第 4 条，本场比赛除了拥有无限开火权的科比，表现最好的当数布泽尔，只有他还有即战力。而整个赛季都是如此，他总是有即战力，但总是没有机会，有时主力，有时替补，有时莫名其妙地休战——连他自己也不知道是因为伤了还是因为其他的原因。

第 5 条，除了科比和布泽尔，其他人都能得分，但得分都很少，平均分配，最高的埃德·戴维斯也就 11 分。再看看赛季结束时每场的平均得分吧：尼克·杨 13.4 分，乔丹·希尔 12.0 分，乔丹·克拉克森和只出战 5 场的贾巴里·布朗 11.9 分，卡洛斯·布泽尔 11.8 分，林书豪 11.2 分，韦恩·艾灵顿 10.0 分，一个名叫旺德尔·布鲁的小家伙是 11.0 分，可他只出战 2 场并且 1 场首发呢。唯一的球星是科比·布莱恩特，22.3 分、5.7 个篮板、5.6 次助攻。

从现在起"紫金军团"只适合美剧爱好者了，上了球场真的没法看。如果说这部美剧的前半部分是"新 F4 组合"，那么后半部分的旁枝在休斯敦，是"魔兽"从奥兰多一路演过来的，至今还在演，主干则在洛杉矶。2014–2015 赛季的主角换作了拜伦·斯科特，基调是黑色幽默的；2015–2016 赛季的主角是科比·布莱恩特，基调是伤感的。

不如一句话就写到剧终吧。2014－2015 赛季的湖人队只有科比·布莱恩特、争吵、输球、输球、输球……一部荒诞剧而已。

但"紫金军团"从来不缺市场，"科蜜们"看"黑曼巴"的疯狂出手，科黑们看"黑曼巴"疯狂出手后的输球。而我，则要好好地看看林书豪了。

▼ 与林书豪

在这里我要特别交代的是，林书豪能火起来，首先是他以替补身份率领积弱难返的纽约尼克斯队取得 7 连胜，并且自己还贡献了疯狂的数据；其次，"林疯狂"是美国媒体提出并狂热报道的，并非中国媒体带有民族情绪或商业目的的炒作。因此，最初的时候，科比·布莱恩特和林书豪的组合令人加倍期待。这时候，我最佩服我在美国的前线采访搭档张卫平指导，万众期待中，他在赛季展望的时候通过腾讯体育发表了全世界最准确的预测：

林书豪在湖人队能否重攀高峰，关键得看科比·布莱恩特是否给他权限。

可以说，这句话预示了全部的未来。截至 11 月之内的比赛，二人间的合作还算是比较愉快的，尽管没怎么赢球，但林书豪场场首发，经过最初四场的磨合后得分基本在"15+"，有两场比赛助攻达到"10+"。但没过多久，"黑曼巴"就不淡定了。

11 月 30 日，在和东部老大多伦多猛龙队的较量中，首节结束前当科比顶着泰伦斯·罗斯强行出手命中的时候，林书豪兴奋地跑过去，试图和"老大"击掌相庆，但科比不知道是有意还是无意，径直走了过去，根本无视林书豪的存在。没办法，林书豪只好将手缩回去，流露出无奈的表情。加时赛，这样的一幕再次上演，科比面对和詹姆斯·约翰逊打"2+1"成功的时候，林书豪再次尝试上去击掌，但没想到科比的目光朝向了远方，完全不管林书豪。而这次林书豪为了化解尴尬，干脆上去拍了一下科比的屁股，以示庆贺。

值得注意的是科比与林书豪之间的球场表现的对比，科比砍下了三双——31 分、11 个篮板、12 次助攻，从而率领湖人队以 129 : 122

取胜；林书豪只有 11 分、3 个篮板、3 次助攻，但在加时赛中，在全队最后得到的 11 分中，林书豪就贡献了 6 分。尽管是科比先拿下 7 分为加时赛定调，但却是林书豪保住了胜果。

这些镜头全都被电视画面捕捉到了。而在这之前，更有记者拍摄的视频记录在网上流传并成为媒体热点——23 日对阵丹佛掘金队的比赛中，当常规比赛时间只剩最后的 15.1 秒、双方战成 86：86 的时候，斯科特在布置最后一攻，林书豪刚要开口说话便被科比顶了回去，科比当时用了"给我滚开"这样的话语——他决定单干。果然，科比坚定地面对防守单打独斗，底线强行出手不中，错过了送给对手致命一击的机会——此时，站在外线处于空位的林书豪与尼克·杨的面部表情都有些失望。最终，湖人队通过加时赛的苦战而以 94：101 负于对手。

客观而论，和所有的 NBA 球员一样，林书豪的处境可以理解，加盟湖人队后他正值合同年，当然希望能打出"林疯狂"时期的状态；而科比这边，显然认为林书豪不够格——在球场上的时候，他认为自己仍然是球队当仁不让的特权球员。这种矛盾在 12 月 9 日对阵萨克拉门托国王队的比赛中爆发：

科比·布莱恩特和林书豪互吼！

当时，一次进攻中科比没有得到裁判的哨子而向裁判抱怨，因此没能及时回防，林书豪便吼了球队老大！而科比·布莱恩特当然不会示弱，直接吼回去了。

与之相对应的事情则是，这时候的林书豪已经坐替补席了，并且是连续第 2 场，从此还进入了漫长的替补期。拜伦·斯科特也没给出什么具体的说法，一般是"试试新阵容"或者"替补阵容更需要林书豪"之类的，反正，打完 11 月份还不见 3 连胜，倒是经历了 5 连败和两波4 连败。

取林书豪而代之的是 31 岁的老将罗尼·普莱斯，之前，他职业生涯的 10 个赛季只零零星星打过 34 场首发；而在这赛季他打了 20 场才被乔丹·克拉克森替换掉；2015–2016 赛季被交易到菲尼克斯太阳队重返替补席，直到这支管理层混乱的球队在主教练杰夫·霍纳塞克被解聘、剩余比赛只是为荣誉而战的时候才又打首发。写到这里，大家应该明白了当时的湖人队是怎么回事吧？

科比的态度让林书豪在湖人队十分尴尬，2014 年 12 月，一堂训练课中科比因为不满队友当众吐槽，说队友如同绵软的卫生纸，训练结束接受采访的时候，他丝毫不掩饰自己的情绪。

"这就是我们的训练？就这种强度？现在这支球队简直软得就像 Charmin 的厕所手纸一样！难怪我们输了这么多的比赛！"

Charmin 是美国知名的手纸品牌，当他们得知科比如此评论现在的湖人队时，也马上在 Twitter 上借机做起了广告："没错，科比说得对，我们的手纸的确是全美国最软的！"

对于"黑曼巴"的观点，我当时了解到的独家内幕消息是：

科比·布莱恩特话语所针对的主要就是林书豪。

因此，湖人队多数球员都拒绝评论此事，只有向来口无遮拦的尼克·杨说了一句话："他是科比，他有权表达自己的想法。"

失去了首发位置，林书豪的状态一落千丈，0 分、3 分、2 分、4 分、6 分、5 分……比比皆是，惨不忍睹。新年马上就要到来了，但对林书豪来说却是更致命的打击。1 月 2 日，新年的首场比赛对阵孟菲斯灰熊队，科比命中三分球将比分追至 105：106 的时候恰好还剩 24 秒，林书豪并没有使用犯规战术，这让对方的迈克·康利运球到前场，顿时，科比暴跳如雷，自己冲过去犯规……赛后，拜伦·斯科特解释说，林书豪不去犯规是他的意思，但至于为什么当时连基本常识都忘记了而不布置犯规战术，主教练则没有给予说明。但是，球队核心对待林书豪的态度，人们都看在眼里，甚至连种族歧视都被扯了出来。

"科比和我的风格完全不同，我显然不是那种愿意大声说出来的人，也不会去大声地咒骂某人……恰恰是因为我的这种性格，意味着你不会袒露自己多么渴望某事，你不能说，对于某件事你说得越多，就代表你越关心。在美国，亚洲人总是很容易受到嘲讽。我们是少数群体，所以几乎每个人都会拿亚洲人开玩笑，说他们是好人，值得尊敬，但却做不了任何事情。人们看着我，脑海中时常就会跳出一个结论，说我不够强悍。但问题是：你们又是怎么知道的呢？"

此时此境，林书豪唯独能做的就只有无辜——无论如何，他在联盟的抗衡力总不会超过"魔兽"吧。德怀特·霍华德都不过如此，林书豪又能怎么样呢？失去首发地位后，林书豪也渐渐失去了关键时刻留在球场继续拼搏的机会。尽管湖人队迎来的是更残酷的9连败、7连败，尽管罗尼·普莱斯证明自己根本就玩不动，但接替他的人选已经有了，他便是2014年的46号新秀——乔丹·克拉克森，此后很长一段时间他都是湖人队1号位的首发球员。

直到3月22日，对阵费城76人队，替补出场的林书豪在29分钟狂砍29分、5个篮板、5次助攻，并率队取胜，他才得以回到了首发阵容，接下来的连续3场分别是19分2个篮板7次助攻、19分3个篮板5次助攻、18分7个篮板5次助攻，1胜2负；接下来是他连续两场DNP了；接下来的4场比赛担任首发，但给予的时间并不多，单场最少的甚至少于20分钟，贡献的数据也极不稳定；然后，一直DNP到了赛季结束。湖人队以2胜10负收官，并以21胜61负"勇夺"全联盟倒数第四，并幸运地抽到2015年选秀大会的2号签。一种说法认为：

这个 2 号签才是拜伦·斯科特的赛季总任务。

如果传言属实，我真不知道自己是非常荣幸还是非常不幸，居然见证了"紫金军团"的第一次摆烂。

林书豪的走势代表了洛杉矶湖人队的走势，和他一样对主教练发飙的球员有很多，卡洛斯·布泽尔、尼克·杨、乔丹·希尔、埃德·戴维斯……但凡想打球并且有战力的，几乎都有过不满，甚至公开宣布赛季结束不再回来。没有不满情绪的只有乔丹·克拉克森、罗尼·普莱斯等既得利益者，中间吵得不可开交的时候，斯科特教练甚至出语威胁：现在是考验队员们忠诚度的时候，未来谁走谁留我都已经知道了。

林书豪当然是走了，尽管追求者不少，但他出人意料地选择了夏洛特黄蜂队，并且低薪，至于原因，他唯一的解释是这支球队的主教练信任他，承诺给他打球的机会。后来，吵架的全都离开了。只有尼克·杨这个活宝例外，没球打了，时不时地大嘴一张，来几句看似没头脑的冷嘲热讽，说完了，就和自己的美艳女友歌星阿米利亚·凯利尽情地耍去，人生嘛，乐和乐和而已。反正，他的合同要到2017-2018赛季过后才结束，最后一年他还拥有球员选项呢，而且现在打得越来越不好了，想换出去其他球队都不同意。

不难理解，科比·布莱恩特在2015-2016赛季的"告别巡演"花落休斯敦和夏洛特的时候，德怀特·霍华德和林书豪都不怎么和前队友互动——打好自己的球，与自己无关的事情管他干吗？

但"告别巡演"向来是属于强者的，是属于科比·布莱恩特的，不仅还要继续而且必将收获一波波的欢呼、喝彩以及荣誉——来自被"黑曼巴"征服的城市、被"黑曼巴"征服的球队以及球迷们。

2016年1月7日来到萨克拉门托，你猜这支球队的总经理是谁？弗拉德·迪瓦茨，在科比职业生涯唯一的交易中，他就是另一方的主角，日后又代表萨克拉门托国王队与洛杉矶湖人队斗得天昏地暗，最后又阴错阳差地成为科比的湖人队队友。现在，这位老兄很是幽默，送给科比一件夏洛特黄蜂队的8号球衣。但球场上可不含糊，尽管27分的优势一度被蚕食，但国王队还是赢了；1月14日来到奥克兰，金州勇士队的主场甲骨文球馆，今日的联盟当红小生斯蒂芬·库里送来祝贺，他则叮嘱后辈去追逐历史，做自己正在做的事情。

1月16日，盐湖城的能源解决中心，科比·布莱恩特超越爵士队传奇约翰·斯托克顿，出场时间在NBA历史上排到了第7位。他同时表示，自己将不会参加2016年里约奥运会，也就是说，2015–2016赛季结束，人们就不可能看到他在正式比赛中的身影了。

"感觉很奇怪，如果我能描述的话，就像是你的腿部没有之前曾经有的能量了。没有更好的描述方法了。它就是能量，它就是炸药，它就是永动机。之前这些都是有保障的，我可以快速奔跑，高强度地打完一场比赛。现在我也可以持续地跑，但腿部已经没有相应的能量了，所以你得谋划其他事情了。就是这样。"

1月23日轮到波特兰了，毫无疑问，开拓者队与科比之间的恩怨情仇与国王队是不相上下的，所以，这个夜晚注定属于他。不过，在2015–2016赛季被外界忽视的程度与科比参加选秀时不相上下的达米安·利拉德狂砍36分而带走了胜利。赛后，利拉德表示了对科比·布莱恩特的崇拜，不过这位耿直的小伙子又牵扯出了沙奎尔·奥尼尔。

"在成长阶段，我是金州勇士队的球迷（注：利拉德1990年7月15日出生于奥克兰），但到季后赛我却是洛杉矶湖人队的球迷，因为勇士队没能打进季后赛。我总是站在科比的身后，类似于'加油科比，加油沙奎尔'，现在能和他对抗真是令人兴奋。"

2月4日来到新奥尔良，与科比·布莱恩特遗憾错过的克里斯·保罗曾经战斗过的地方，新主人是安东尼·戴维斯，以39分、11个篮板来招待前辈，但他毕竟稚嫩，第3节的一次反击中没有防守的暴扣居然失手，羞得他只好撩起背心掩住脸。更令他羞愧的是，前辈难得地又胜1场。

2月6日到圣安东尼奥——时间最长久的也是最伟大的对手，托尼·帕克以及圣安东尼奥出生的湖人队球队乔丹·克拉克森纷纷献辞，**但最好的显然来自格雷格·波波维奇："就像是看迈克尔·乔丹，我**

只是看着。这很棒。我们犯了一些错误，他从中捡到便宜，这挺有意思。"

2 月 8 日来到印第安纳波利斯，在科比·布莱恩特正式宣布退役时间的当天，他便和自己的真正意义的接班人保罗·乔治过招，后者当场以对位防守并在最后时刻让自己的偶像投中三分球而自己又带走胜利的方式表达了敬意。

2 月 10 日，克利夫兰，速贷中心，湖人队挑战勒布朗·詹姆斯的骑士队。一开场，全场球迷便起立欢呼，不仅仅因为这里有詹姆斯，更多是因为科比的到来。只是这场比赛二人之间并没有太多的往来，只是偶尔的一两次对决，球迷们看得并不过瘾——显然，在詹姆斯自己的后花园，他给了科比·布莱恩特足够的尊重，那场比赛骑士队轻松取胜，比分为 120 ∶ 111。赛后，詹姆斯送给客人一个深深的拥抱。

科比·布莱恩特 VS 勒布朗·詹姆斯，永远都是热门话题，只是他们从未在总决赛中相遇。

至于合作，球迷唯一看过的就是 2008 北京奥运会和 2012 伦敦奥运会。到那时候，詹姆斯才彻彻底底了解科比——科比的竞争欲望之强烈令让詹姆斯恍然大悟，这个男人的好胜心能给他带来总冠军。从此，他视之为榜样："科比就是那种给你竞争性的人，如果你训练时犯懒，或者比赛打得消极，训练不努力，此时你就应该想想科比在做什么。他会比你训练得更努力，他在球场上的认真态度就像旁边有人鞭策你一样，时时刻刻保持专注，这就是科比带给我的能量。"詹姆斯敬佩科比，而科比，就是这么一个有魅力的人。如果你比他慢一步，那么，他就会超越你一大步，而这种情况如同滚雪球一样，越滚越大，实力更是相差得越来越悬殊。

　　客场比赛结束了，回到洛杉矶的科比一直希望自己能够好好休息，然而，他却发现自己的右肩酸痛越发严重。一次，他想拿起手机打给妻子瓦妮莎，但右肩的疼痛让他无法拾起手机——这是过度劳累造成的结果。科比不得不控制上场时间，后面还有重要的比赛——圣诞大战以及剩余的赛季呢。

MAMBA
FOREVER

⚡ 最后的伤

不可否认，科比绝对是一名伟大的运动员，但却有很多人认为他不是一名伟大的队友，甚至被媒体公开评选为 NBA 历史上最差的队友之一。具体到 2014-2015 赛季，很少有球员能够获得"黑曼巴"的信任，更多时候他还是选择将球队扛在自己的双肩。随着比赛的进行，他的上场时间越来越多，渐渐地，危机浮现。

科比·布莱恩特以及特拜伦·斯科特、教练团队也应该意识到了这个问题，从 2014 年 12 月 23 日开始，休息 4 场，出战 4 场；休息 1 场，出战 1 场；休息 2 场，出战 2 场……但已经晚了。

2015 年 1 月 21 日，客场挑战新奥尔良鹈鹕队的比赛，第 3 节还剩 4 分 14 秒的时候，科比沿着底线突破，双手扣篮过程中不慎肩膀肌肉撕裂。"当我起跳的时候，感觉很好；但身体下落之后我的感觉就不太好了。"

尽管在第 4 节还剩下 5 分钟的时候，科比又重新回到了球场，但在场上他尽可能地只用左手运球和抢篮板，不难看出，右肩膀的伤势对他产生着很大的影响。这一切，斯科特和球队队医都看在眼里，他们赶紧将科比换下来了。当科比被问及为何他要做这样的一件事的时候，科比回应称：

"上帝还给了我两只手。"

最终，科比的伤势被确诊为肩轴肌腱撕裂，但他并不愿再次放弃比赛——他已经有时间没有打过 1 个完整的赛季了。湖人队管理层担心科比会就此退役，谁也不想这样失去一棵"摇钱树"，经过权衡之后，科比决定手术，连续第 3 个赛季提前报销。

　　科比的提前报销再次给湖人队带来了打击，没有了科比，谁还看这样一支烂队打球？在全明星赛前有统计数据显示：湖人队的收视率在洛杉矶地区创造了历史最低纪录。有人猜测科比会在赛季结束后退役，结果遭到了"黑曼巴"的痛斥。

"哪个该死的说我要退役？这对我来说从来都不是一个问题，下个赛季是否会打球对我来说永远不是一个问题。"

　　科比还想继续征战，但岁月催人老，看到如此糟糕的湖人队，科比似乎已经有了认命的感觉。当我采访科比时问他 2015-2016 赛季是不是他最后一个赛季的时候，科比回应称："可能吧!"

🏀 最后的备战

2014-2015 赛季的总冠军是金州勇士队，他们在总决赛中以 4 ： 2 击败了缺少凯尔·欧文和凯文·勒夫的克利夫兰骑士队。洛杉矶湖人队这边，愁云惨雾环绕着"天使城"，21 胜 66 负，再次刷新"紫金军团"自 1999 年搬到斯台普斯中心后的最差战绩。

科比·布莱恩特因右肩轴肌腱撕裂赛季报销，再度接受手术治疗。不过，很幸运，湖人队的摆烂策略取得了成功，他们拿到了 2 号签，尽管这个签位在 NBA 历史上似乎是受到了诅咒。而重建是湖人队 2015-2016 赛季势在必行的方法谁也无法预料科比还能不能健健康康地归来，他会不会选择退役。还有就是，主教练拜伦·斯科特能不能合理地规划科比的上场时间？一切一切，全都是未知数，全都需要科比本人在 2015-2016 赛季给所有关心他、关心湖人队、关心 NBA 的人一份满意的答案。他的选择，势必会影响方方面面。

"上个赛季我们打得太烂了，唯一有意义的事情便是我们抽到了 2 号签。"科比也为球队的好运而感到高兴。

6 月 25 日的选秀大会在纽约的布鲁克林举办，我对这个已经多次光临的地方还算熟悉，而这次，当天，我又以腾讯体育前线记者的身份陪同张卫平指导现场报道。头号新秀没有任何的疑问，明尼苏达森林狼队选走了卡尔－安东尼·唐斯，被选中后他接受了我的专访，但遗憾的是他不会说中国话，所以无法用中国话向中国球迷打招呼，但依然用英语向中国球迷问好，并且表达了能与明尼苏达活传奇——凯文·加内特一起打比赛、训练、沟通的激动与兴奋。有意思的是，这小子特意指出自己就是在新泽西长大的，与明尼苏达纬度相当，所以并不惧怕那儿的寒冬。

选秀前唐斯甚至不愿意来洛杉矶试训，这也从一个侧面反映了"紫金军团"的低迷程度，对急于成长为巨星的年轻球员们完全没吸引力了。头号新秀被选中，接下来，我长期跟队采访并在其主场城市定居、生活的洛杉矶湖人队却陷入了长考之中。理论上来说，贾希尔·奥卡福是一个不错的选择，他固然不是唐斯那样的超级天才，却胜在稳健——杜克出品未必件件精品，却有很大概率可以成为值得仰仗的人才——"老 K"的培养能力还是值得信赖的。

令人意外的是，米奇·库普切克选择了德安吉洛·拉塞尔。

显然，这是一场赌博。

身高 1.96 米的拉塞尔是双能卫，他的打法符合潮流，他的身上大概蕴藏着无穷潜力。但除此之外他也再无其他，包括缺点，也包括了优点。一瞬间，洛杉矶的媒体爆炸了："米奇你在干什么？"湖人队球迷也发狂了："为什么不选择奥卡福？"这时候，唯有科比·布莱恩特保持冷静，但他也只是未做任何的评价，只是冷眼旁观。

选秀如同中国国内的赌玉、赌石，被看好的大热门未必就能打出符合预期的水准；相反，那些冷门的新秀也经常带来更大惊喜。1996年的选秀大会，谁能想到职业生涯最辉煌的居然是当年的那个带着一头卷毛、天不怕地不怕、以第 13 顺位才被选中的高中生呢？

接下来，湖人队又在第 27 顺位选中了 NBA 首届扣篮王的儿子小拉里·南斯，第 34 顺位选中了安东尼·布朗。

再接下来就是自由球员市场了。2015 年夏天，湖人队手握充裕的薪金空间，本以为可以招揽到巨星加盟，市场上也确实有巨星，尽管量少，质也并非顶级，"黑曼巴"也曾亲自游说，充当起"大鲨鱼"当年在这座城市时的角色——总经理。他力邀拉简·隆多加盟，可这位组织后卫最终去了萨克拉门托国王队；国王队曾一度希望兜售德马库斯·考辛斯，可湖人队却不想拿出令国王队满意的报价；争夺拉马库斯·阿尔德里奇，可阿尔德里奇对湖人队的内部环境和外在竞争力望而却步，放弃当老大的机会而加盟了传统意义上的小城市球队圣安东尼奥马刺队，显然，他急需的是总冠军戒指。

毕竟人是活在现实世界、活在当下的，几个赛季的沉沦加上科比是否退役也不是确定，湖人队的金字招牌已被砸得粉碎，结果，忙活了一个夏天，库普切克在转会市场上一无所获。没错，罗伊·希伯特是来了，只是他早已不再是那个敢于叫板"迈阿密三巨头"、敢把詹姆斯拉下马的东部联盟第二中锋，所以湖人队付出的代价也只是 1 个未来的次轮选秀权——步行者队简直是甩包袱啊；路易斯·威廉姆斯是来了，他的头顶还挂着 2014-2015 赛季的最佳第六人的招牌，但在经历了糟糕的季后赛表现后，他更像是被多伦多猛龙队放弃的球员，甚至什么代价都不需要，7 月 9 日直接以自由球员的身份与湖人队签约；布兰登·巴斯也来了，昔日的波士顿凯尔特人队硬汉，今日来到了"紫金军团"；此外还有慈世平，以及一堆大家都不知道名字的球员，在"签约"与"裁人"之间来回折腾。乍一看，米奇·库普切克似乎也为球队带来了几位实力派。只是科比·布莱恩特很清楚，光靠这几名球员是断然不可能令湖人队重现荣光的。

在为新援召开的新闻发布会上，记者抛出了这样的一个问题："科比与你们联系过吗？"

希伯特望着威廉姆斯，威廉姆斯望着巴斯，巴斯望着希伯特。3 名球员的视线产生了一个微妙的空间，仿佛写出了一个大大的尴尬。

"我的感觉还不错，我的移动也不错，我能去到我想去的位置，并且做我在球场上能做的事情。"正所谓"既来之，则安之"，科比在赛季前的例行采访时显得信心满满——这只是科比一贯以来的自尊与自傲。无论岁月如何变迁，无论自己的身体素质如何退化，科比始终认为：自己有能力吊打对手，就像巅峰时期那样。

而这时候的联盟大格局，已经与湖人队没有什么关系了。但我也得略说一二，东部联盟唯一的强者是詹姆斯的克利夫兰骑士队，所有人都看好他们卷土重来；而在西部联盟，大家都还在怀疑金州勇士队的2014-2015 赛季总冠军有运气成分，都看好有了阿尔德里奇加盟的圣安东尼奥马刺队，都认为洛杉矶快船队会卷土重来，当然，拥有"双少"

的俄克拉荷马城雷霆队也不容忽视；也许有黑马，但肯定不会是湖人队。总之，没有"紫金军团"什么事情，即使有，也是好莱坞的连续剧而不是 NBA 的比赛。

我在洛杉矶的采访任务也开始转移，现在主要是三个：一是科比·布莱恩特，这很可能是他的退役赛季；二是洛杉矶快船队；三是如果他们在季后赛被淘汰了，我就去采访走得更远的球队，比如金州勇士队，而这往往是我的重点。

伤愈复出的科比对所有的比赛都重视，包括季前赛。不过，第一场比赛他们就输给了犹他爵士队，科比出场 12 分钟仅得 5 分，但一切都需要有个适应过程，所有的球队都在磨合阵容，毕竟 2016 年科比大半年都在养伤。"我的两条腿感觉很棒。状况不错，我也没有感到太多疲惫，之前的训练中我连续打了 40 分钟。我只是感觉今天背部有点紧。"而当媒体询问 2015–2016 赛季期待自己能打出怎样的水准时，科比回答得言简意赅："打出平均水准就行。"

6 场季前赛科比打了 5 场，1 胜 4 负，最后一场他选择了放弃，湖人队赢了日后的超级黑马波特兰开拓者队。随后，*ESPN* 一如既往地公布了球员排名，第 93 位，科比·布莱恩特。

2012 – 2013 赛季	第 6 位
2013 – 2014 赛季	第 25 位
2014 – 2015 赛季	第 40 位
2015 – 2016 赛季	第 93 位

是的，第 93 位。跟之前的几个赛季一样，"黑曼巴"对 *ESPN* 排名不屑一顾，甚至曾把 *ESPN* 定义为"白痴"。"60E"同样群情激愤，认定 *ESPN* 就是科黑大本营，恨不能手提火把，一把将 *ESPN* 的总部给点了。"请不要再问这些问题了，我重复一遍，不要再问这些愚蠢的问题了。"媒体总希望找出矛盾，没有矛盾也要想方设法制造矛盾。只

是科比并不接茬。当媒体一再询问科比对自己排名第 93 位有什么看法时，"黑曼巴"没有言语，只是淡淡地用这种态度表示自己的不屑。

2500 万美元的年薪，全联盟第一；第 93 位的江湖地位，是来自 *ESPN* 的评价。

强烈的对照之下科比捏紧了拳头，准备战斗。

在战斗前，他还顺带看望了一下拉马尔·奥多姆——一个有些陌生却又熟悉的名字。陌生，是因为奥多姆告别联盟已有多年；而熟悉，是因为他曾与科比朝夕相处，荣辱与共。

在那个"老大尽力了，队友 CBA"的年代，奥多姆是湖人队的"二当家的"，而在大加索尔驾临，湖人队重现昔日荣光的年代里，奥多姆以超级第六人的身份默默支撑着这支球队。

因此，无论球场外的奥多姆如何自甘堕落，当听闻出事的消息后，正在拉斯维加斯打季后赛的科比当即放弃正在进行中的与萨克拉门托国王队的比赛，提前退场，深夜喊出租车抵达医院——这曾是与他朝夕相处的队友，这曾是与他同甘共苦的兄弟。看着球队的那些年轻人，科比总会不由自主产生"我已经老了"的感念，而看着奥多姆，科比才会有一种久违了的亲切感。

最后的揭幕战

蓝色的探照灯，上烘托着"Staples Center"这两个英文单词。

这座球馆坐落在洛杉矶的中心，曾经见证过"OK组合"的辉煌，曾经见证过科比·布莱恩特单独带队成功卫冕的辉煌。然而，今日的"紫金军团"已然衰败，只是衰败的速度太快，以至于如同自由落体一般而令搭载其上的科比都无能为力。第20个赛季，注定伴随着孤独与落寞。

在斯台普斯中心球馆外，杰里·韦斯特、埃尔文·约翰逊、卡里姆·阿卜杜尔–贾巴尔以及被封为"湖人队之声"的齐克·赫恩的雕像，静静矗立。或许多年以后，这里会添上一座新的雕像——科比·布莱恩特，与前辈们一样，他也在这支名门的历史上描绘过浓厚的一笔，留下了属于自己的印记，而且有可能是最浓厚的。

2015年10月28日，斯台普斯中心，揭幕战，明尼苏达森林狼队对阵洛杉矶湖人队。如果只是考虑双方阵容中的最大腕，主题本应该是"狼王VS黑曼巴"，然而，现实却更像是对2015年选秀大会前两位新秀实力的再次确认——"1号新秀VS2号新秀"。时代变了，一切都变了。凯文·加内特的眼神依旧炯炯，只是看起来夹杂着一丝丝的苍凉。

但科比·布莱恩特仍不以为然，一如20年前的他自己，第一个来到球馆进行训练与热身——即使是伤病刚刚康复，他也不会让自己放松，这是战士的信条——哪怕都快要握不动刀了，也要战斗到底，至死方休。

还曾记得凌晨4点的洛杉矶吗？关于它，克里斯·波什最有发言权。"我还能记起当时的情形，我吃完早餐后准备去训练馆，我感觉自己起得很早，已经很勤快了，不料我刚到餐厅，就发现科比已经在了。他对我说'你好'，然后走出餐厅准备训练。我注意到他的膝盖上还绑着冰袋，很显然，他已经在早餐前练过1次，并开始准备第2次的训练了。要知道，当时距离湖人队与凯尔特人队的总决赛打完还不到两个星期，他已经如此刻苦地训练了。老实说，科比完全可以让自己休息得更久些，但他没有。他每天都像是疯子般刻苦，都希望把自己的状态调整到最佳。"

一个插曲是，在开赛前，主队还举行了一个特别仪式，悼念 10 月 25 日因淋巴癌去世的森林狼队前主帅菲利普·桑德斯，以向他致敬。作为桑德斯的最得意门生，加内特的心情无比沉痛，独坐恩师停车位的照片早已传遍世界，令人动容。为此，科比赛前特意走到加内特跟前，与老迈的"狼王"拥抱，劝慰加内特节哀是其一，致以老兵的问候是其二。年龄不断增长的一个标志便是：

身边的人渐渐离去。时光凉薄，匆匆而过。

随着球馆灯光暗沉下来，球场中央的记分屏幕位置落下两张白色的大屏幕，这时候，投影仪打到屏幕上，1 分半钟的时间，湖人队的队史精华尽在其中。光与影的斑驳下，科比已经迫不及待地准备登场了，内心如火，表情如冰——一位 37 岁的老兵，他将迎来自己的第 20 个新赛季。何时终结？那时候的科比并未下定决心，但毫无疑问，他渴望着继续鏖战球场。

算起来，距离他上次站在这座球馆里已经有小半年的时间了。

科比深吸一口气，站起来，与每名球员击掌，随后挥手，向斯台普斯中心的球迷们致意，如同以往那般。

首节，科比手感冰冷，兴许是久疏战阵的缘故。随着比赛的深入，科比的手感开始回暖，但仍处于打铁状态。而作为湖人队领袖，科比依然是孜孜不倦地出手，试图像以往那般，依靠一己之力帮助球队取胜。奈何比赛的局势始终胶着，胶着，再胶着。还剩 4 秒的时候，湖人队落后 1 分，叫过暂停，科比留在了球场上，而森林狼队那边也把凯文·加内特重新换上来，有加强防守的意思。最后一攻的任务交给了路易斯·威廉姆斯，他强行出手，球重重地弹在篮筐上，"哐啷"一声响，听起来何其刺耳。

111 ：112，科比低下头，叉着腰，叹了一口气。

29 分钟，24 中 8 ，贡献 24 分，这是 2015–2016 赛季科比首战交出的成绩单。回到更衣室，科比进行肌肉理疗，释缓因累积疲劳而酸痛的肌肉。焦虑的记者，早已将更衣室围得水泄不通，他们太想知道科比的感受了。

"我感觉不错，可惜第 4 节死活投不中。相信我，我的手感会回来的。"科比的豪言壮语中既有自信，也有欢乐。自信，是因为科比相信自己仍能卷土重来；欢乐，是因为他又回到了这片深爱的球场。科比始终固执地相信，他就是为篮球而生的男人。

不管未来如何，从这场比赛开始，科比·布莱恩特开始走向 NBA 历史上为同一支球队效力时间最长的球员，悄然之间，他赶超了伟大的约翰·斯托克顿。这样的成就连科比本人都感到不可思议，"这太疯狂了，童年的梦想居然成真了。为湖人队效力整整 20 年，这都超过我年龄的一半了，简直不可思议。"一半是感慨，一半是唏嘘。20 年，何其漫长的旅程。

第 2 场客场对阵萨克拉门托国王队，败了；第 3 场是主场与达拉斯独行侠队的较量，又败了；第 4 场，主场迎击丹佛掘金队，109 ：120，冰冷的比分扼杀了一切可能。望着刺眼的比分，科比摇头，苦笑，摊开双手，望着自己的那双曾经不断制造奇迹的双手，眼神里满是不解。

究竟怎么了？

2015 年 11 月 7 日，湖人队总算是赢球了，他们击败了布鲁克林篮网队，连续 6 个客场的首场胜利。只是这样的胜利，与科比似乎也没有太多关联，16 投 5 中的进攻效率依旧低下。

"60E"们议论纷纷，老大究竟怎么了？科黑们哈哈大笑，"铁王"

名不虚传啊。

　　"我现在大概只是联盟排名第 200 位的球员，简直糟糕透顶，我打得太烂了。"科比这般自黑，试图提醒自己。奈何人老不以筋骨为能，昔日战无不胜的科比毕竟还是老了。

　　"科比，我们为你在 TNT 留了个位子，它将会在明年 4 月为你准备好，哈哈，因为你们无法进入季后赛了。"火箭队传奇、电视名嘴肯尼·史密斯这般调侃。科比听闻后，面沉如水，他仍在憋着劲，试图反击史密斯。科比怎会缴枪认输？科比怎会举手投降？与生俱来的性格，那是一辈子的烙印与标签。

现在的科比·布莱恩特，除了面对失败，每天还要面对各种各样的冷嘲热讽。

▼ 退役决定

纽约，麦迪逊广场花园，一个拥有太多故事与传奇的地方。2009年2月2日，一个看似平常的夜晚，却令纽约球迷时刻铭记。那天，科比在这里大发神威，将篮球圣地屠戮成一片血海，61分，何其疯狂的表现，连迈克尔·乔丹都从未做到过——任何人都未能完成的伟业，在科比这里却实现了。大导演斯派克·李嘴臭，当年他与雷吉·米勒对骂，那晚过后，他看到科比便翻白眼。"你们怎么了？科比有什么好怕的？一个个就像是缩头乌龟！"大导演嘟囔道。只是，他嘴上虽然掀起风暴，心中却泛起了嘀咕："这场比赛，他应该不会再砍下61分了吧？"

恐惧，也是一种不治之症，宛若癌细胞那般，扩散到每一位纽约球迷的血液乃至精神。

麦迪逊广场花园一直是科比的福地，他总是能在这里砍下高分，所以对科比来说，他热爱这座球馆，他热爱纽约人的嘘声，他热爱在这里砍下高分并让对手的主场鸦雀无声。

科比喜欢这种感觉，喜欢征服的感觉——或许，故人德里克·费舍尔的执教，以及另一位故人菲尔·杰克逊的掌舵，能让科比在对阵纽约尼克斯队时更有感觉。

这是连续6个客场的第2场，时间是2015年11月8日。非常特别的是，这次客场的长时间远征，科比甚至带上了瓦妮莎与他的孩子们——这是不是有什么暗示呢？

一家人一同来到了麦迪逊广场花园球馆，随着年龄的增长，"黑曼巴"已经慢慢明白：家庭是生活中重要的一部分，甚至是最重要的。尽管从太平洋之滨的洛杉矶飞到东海岸的纽约，跨越了整个美利坚，但他仍乐此不疲地带上她们，踏寻每一座城市，每一个地方，尤其是麦迪逊广场花园这个曾经幸运的地方。

科比搂着自己的妻子，深情地望着两个逐渐长大的女儿，他渴望她们也能感受到不同的城市、不同的人文，并感受到这种不同所带来的别样魅力；他渴望自己的女儿能坐在场边，看着父亲在球场上厮杀；他更渴望球迷们呼喊自己的名字，无论是嘘声或掌声。带着渴望，科比踏上了战场。

不过，赛前训练，科比突然感觉到了异样，于是肩膀裹上了厚厚的绷带，膝盖也被冰袋所缠绕。好吧，放弃该死的热身吧，现在需要的，是休息，是调理，是让自己的身体尽可能地得到舒缓。望着如同两只小兔子般的年轻人德安吉洛·拉塞尔与乔丹·克拉克森，科比满眼都是20年前的光景，他想起自己的菜鸟赛季，想起前辈们对他的谆谆教导，教导他如何与对手周旋，如何对抗那些经验丰富的老家伙，如何通过实战磨炼自己的技术。

"拜伦·斯科特便是当年球队中的一分子，如今，他都成为这支球队的教练了。"科比暗忖，不免又是一声叹息。

当一个人沉迷于回忆时，这说明他真的已经老了。老就老吧，谁能不老呢？踏上熟悉的麦迪逊广场花园，踏上曾经创造奇迹的场地，科比依旧享受这场比赛，兴高采烈地来到场边与斯派克·李对喷垃圾话。大导演大声地嘲讽科比，科比则毫不留情地反唇相讥。他很享受与卡梅隆·安东尼的对抗，与80后的"小甜瓜"相比，这几乎就是两代人的战斗，尽管安东尼也已过了而立之年。终场哨声响起，95：99，还是输了。

科比很坦然地接受了这一切，他拍打着自己的胸膛，微笑着向纽约球迷致意。纽约人则面面相觑：这个趾高气扬的家伙究竟怎么了？

没有嘘声，倒是有零星的掌声，甚至还有"MVP"的欢呼。回到更衣室，科比瘫倒在了椅子里，大口大口地喘粗气，理疗师心领神会，迅速过来为他进行理疗和冰敷，太累了，也太疲倦了。从肉体到精神，这是双重的折磨。很显然，他的身体无法支撑客场比赛所带来的劳累，他必须休息。

年龄，体能，伤病，科比的偏执，与残酷的现实形成了鲜明的对照。

背部的酸痛，令科比不得不放弃背靠背的比赛，所有人都开始关注科比的身体状况，斯科特赶紧出来圆场："没事的，科比只是需要休息。东部之行太累了，因此教练组决定，让科比背靠背轮休。"其实早在赛季开打前，斯科特便已经有过这样的构想，伤病太多，以至于草木皆兵，球队的每个人都怕了。

漫长的客场赛程终于结束了。11月15日，主场对阵底特律活塞队，湖人队终于在斯台普斯中心取胜。这也是赛季的第2场胜利。哪怕背部依旧隐隐酸痛，科比仍打出了精彩表现，15投7中，绝对脱离了"打铁"的范畴。终场哨声响起，望着安德烈·德拉蒙德惊诧的表情，科比笑了，笑得灿烂，笑得发自内心。

"伙计，你干得不错。"科比走过去，拥抱了德拉蒙德。

球迷全体鼓掌，将斯台普斯中心点缀得如同总决赛一般热闹。他们已经憋屈太久，哪怕只为情怀而来，谁愿意围观心爱的球队、心爱的偶像一场接着一场失败？彩带从天而降，久违的胜利，令"科比！"的名字幻化成高分贝，回荡在球馆的上空。令科比恍惚之中都有这样的幻觉：

"我还没老，我还能战。"

"我还没老，我还能战。"

在那一刻，科比退役的决心似乎动摇了。

他西装笔挺，精神抖擞地接受媒体采访，侃侃而谈，似乎忘却了背部的酸痛，以及一场激战过后的疲惫。瓦妮莎穿着黑色大衣，带着女儿，同样兴高采烈地等待着自己的丈夫。多少个夜晚，瓦妮莎都只能看到科比的叹息，她已经很久没有看到丈夫笑得如此开心了。

科比轻快地走了过去，轻轻搂住了自己的妻子，亲吻了一下，随后，他又亲吻了自己的女儿。

"走吧，亲爱的，回去好好休息一下。"瓦妮莎在科比的臂弯里，柔声说道。全家人的身影，随后消失在了球员通道里。

科比认定这将是伟大的转折，然而胜利女神的眷顾只降临1天。随后的比赛，湖人队连战连败，科比的出场时间从37分钟到31分钟，从25分钟再到34分钟。记者为此不满，质疑斯科特过度透支科比，斯科特则不得不站出来为自己辩解："我们需要科比，所以我才让他在场上待着。"

这其实根本不该由斯科特背锅，因为一切都是科比的决定。"黑曼巴"张开翅膀，想测试一下自己还能飞到多高。可惜，换回的却是失望，11月22日与波特兰开拓者队一战，22投6中；28日与开拓者队再战，20投7中。24日与金州勇士队的较量，14投仅1中！34分的分差，糟糕透顶的手感，科比面色铁青。

"我今晚太沮丧了，这让我走神了。这种沮丧影响了我打球的方式，也影响了我的投篮，防守端和进攻端打得都不好。我很生气，对于现在的我们所做的一切都很沮丧。"4连败，4连败，7连败，漫长的旅行，延绵不绝的失败，既然这不是科比想要的答案，那就干脆算了吧。苟延残喘，这不是科比的性格，昔日的豪言犹在耳畔。

"我才不会接受辅助的角色呢。"

这中间经历了怎样的心路历程，外界是不知道的。事实上，在正式宣布自己的决定之前，科比就已经对拜伦·斯科特诉说了自己的想法：

"教练，如果可以的话，我希望打满每场比赛，因为这是我最后的一个赛季了。"

拜伦·斯科特听了，先是苦笑道："当真？"随后点点头。

每个人都是这么过来的，每个人都会有力有不逮的感觉，每个人都必须直面金盆洗手、退隐江湖的那一天。哪怕他是科比，也不例外。2015 年 11 月 29 日，科比·布莱恩特在球员论坛网投下一颗重磅炸弹，令全世界震惊。这颗定时炸弹是一首诗，名字叫《亲爱的篮球》，由他本人亲笔撰写。他宣布 2015–2016 赛季结束，科比·布莱恩特将终结自己长达 20 年的职业生涯。

MAMBA FOREVER

亲爱的篮球

那一年

从第一次穿上老爸的长筒袜开始

到幻想自己投中制胜球

再幻想自己身处大西部论坛球馆

我意识到了一件事

我深深地爱上了篮球

我爱篮球，爱得是如此深沉，以至于我愿意付出一切

我的头脑，我的身体

我的精神，我的灵魂

那个六岁的男孩，已经为这项运动所俘获

看不到隧道的尽头，唯有看到自己，竭尽全力，不断奔跑

我始终在不断地奔跑

球场上，来来回回，只为争夺一个地板球

你们希望我豁出一切，我便交还给你们我的真心

其中蕴含的元素，太多太多

我带着伤病征战，打到浑身都湿透

不为挑战，只为篮球

我所付出的一切，都是为了篮球

因为篮球能让人觉得充实

能给人以一种活生生的感觉

是的，那个做着紫金迷梦的六岁男孩 。

他深深地爱着你

只是我无法再像从前那样迷恋篮球

因为这个赛季，我已倾尽所有

我的内心仍能承受七苦八难，我的内心仍能忍耐各种艰难

但是我的身体已经支撑不住

我明白，哪怕再放不开你的爱，也到了说再见的时候了

这没什么，我已经做好了准备

我只是希望你能知道

在剩余的时光内，我们可以尽情享受，无怨无悔

无论是好是坏，我们已经彼此相互给予

没有任何遗憾

我们都知道，无论接下去我会做什么

我都会回到梦开始的那个地方

那个穿着长筒袜的少年

瞄准角落里的垃圾桶

开始倒计时

球在我的手中

5—4—3—2—1

永远深爱着篮球的

科比

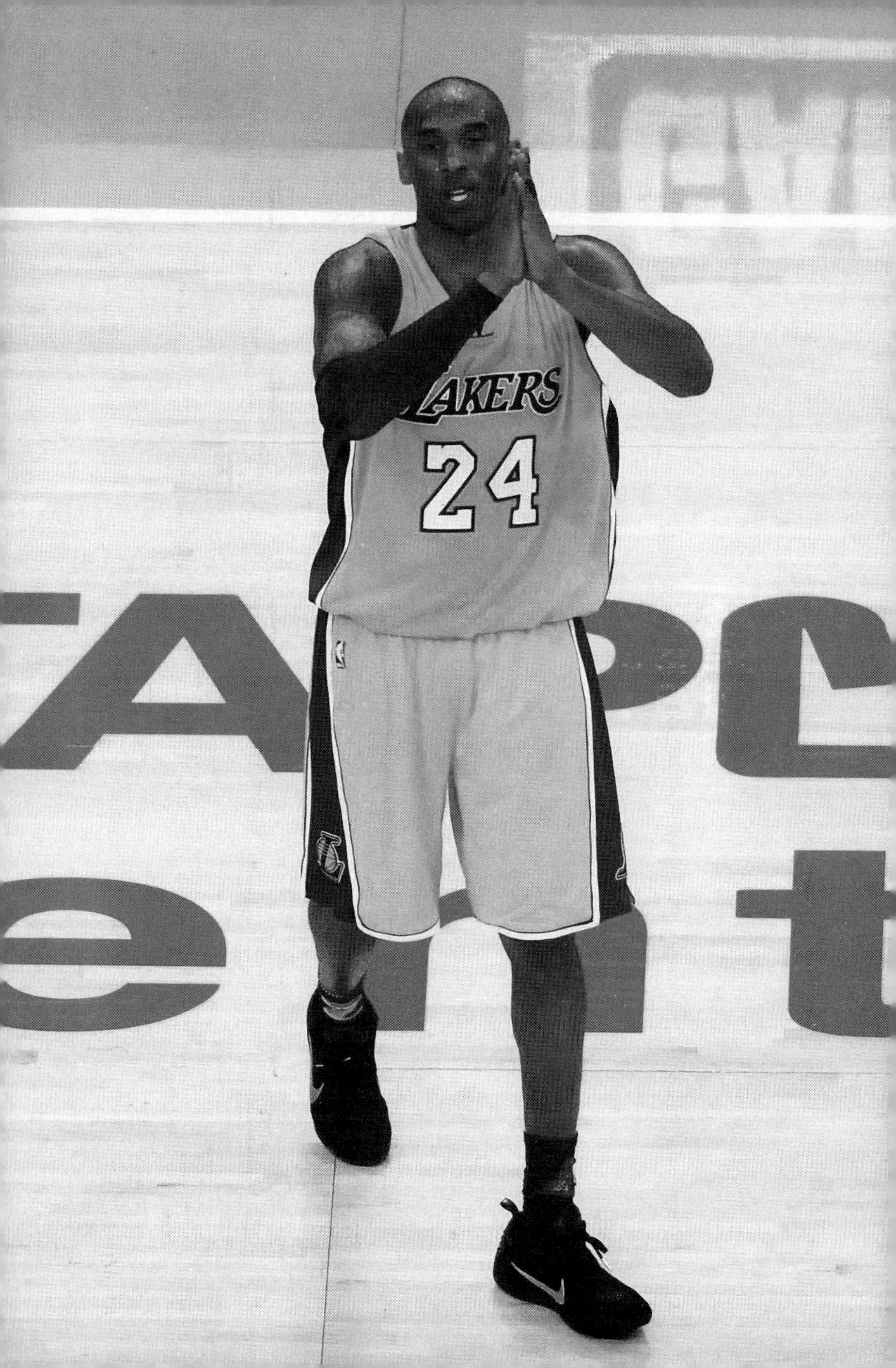
LAKERS
24

第三章

退役

2016.4.14

但是，那些文字、数据、图片、画面以及荣誉，必将永久地保存在我们的记忆深处。

《大地的孩子》

广广的蓝天映着绿水

美丽的大地的孩子　宠爱你的是谁

不论用四季来转换东南与西北

不论用温情与冷漠相逐又相随

出征的你总选择生命的无悔

回去的时候别忘了说声珍重再会

回去的时候别忘了说声珍重再会

珍重再会，珍重再会

　　罗大佑的这首《大地的孩子》是属于我们那个年代的，却也非常契合与我们远隔重洋的科比·布莱恩特。几乎所有的客场都要走过，都要道别，而接下来的 4 次告别却是不分场所，意义非比寻常，更多的是跟洛杉矶湖人队、跟"黑曼巴"自己的告别。

告别圣诞大战

美国的圣诞节相当于中国的春节，洛杉矶湖人队是圣诞大战的常客，而在科比·布莱恩特的2015-2016赛季，"紫金军团"又怎能缺席？他们的成绩将再次刷新球队的最差纪录又如何？

自从1996年6月26日正式进入NBA，"黑曼巴"凭借自己的努力逐渐由湖人队的配角而成长为圣诞大餐的绝对主角：在大场面第一次的亮相是"OK组合"分开之后，他对决组合的另一半"O"，然后，对决史蒂夫·纳什，对决波士顿的三巨头，对决迈阿密的三巨头，对决最年轻的MVP德里克·罗斯……一个新现象产生后，不论是否愿意，联盟都要安排你在圣诞节那天到科比·布莱恩特前面溜溜，不管你是谁，也不管你是否愿意，因为"黑曼巴"代表了市场价值。

科比此前参加过15次圣诞大战，一共斩获383分、97个篮板、82次助攻，场均25.5分、6.5个篮板、5.5次助攻，这份数据已经非常惊人。

因此，科比的职业生涯中圣诞节只有4次在家休息。对于圣诞大战的NBA比赛，科比早已习以为常："毕竟，圣诞大战已经成为我的家庭以及球队的一部分，我看着公牛队与尼克斯队的圣诞大战长大，如今我已经参加这么多场，我感到自己很幸运。"科比对圣诞节有着与众不同的感情。

科比的第16次圣诞大战，也是最后一次，对手是同城死敌——洛杉矶快船队。之前，我花大量篇幅写了克里斯·保罗以及他曾经待过的新奥尔良黄蜂队、现在为之效力的洛杉矶快船队，写了他与科比·布莱恩特之间的故事，写到这里我才突然发现：洛杉矶快船队历史上从来没有在季后赛和洛杉矶湖人队相遇过。

比赛当天，科比和全家人很早就来到了球馆，瓦妮莎和女儿为保罗的儿子"CP4"送上了圣诞节礼物。虽然是同城死敌，但科比和保罗的私人关系甚好，科比赛前和保罗说："不要对我们心软，因为我也会努力打爆你们。"保罗明白科比的话，尽管场下大家都是好友，但是一到赛场谁都不会后退。

全场比赛，湖人队一度落后28分，虽然第4节轰出25：4的攻势，但最终功亏一篑，以84：94负于快船队。

科比全场贡献12分，自己的圣诞大战总得分也达到了395分，放弃了自己冲击400分的里程碑，而是将机会让给年轻球员。他只有10次出手和3次助攻，尽管是3次，但也已经是全队最高的。这就是科比的圣诞大战的谢幕表演。在湖人队追分时刻，他甚至还扮演起了临时主帅的角色，在场边指导德安吉洛·拉塞尔。辉煌已经成为过去式，如今的科比也在为湖人队送出最后一次"助攻"，帮助年轻球员快速成长，这样的科比更凸显出其伟大的一面。

MAMBA FOREVER

告别全明星周末

　　第 65 届 NBA 全明星周末于 2016 年 2 月 15 日起在多伦多开始，全明星赛是 19 日，这也是这项表演赛第一次跨出美国的国境线。1 月 17 日，主场对阵休斯敦火箭队的比赛结束后，理疗师朱迪·赛托博士给科比按摩小腿的时候就谈到票王了。"嘿，看来你要成为今年的票王了。"朱迪边按摩边与科比聊天。

　　"嗯……"

　　科比轻轻哼了一声，嘴角露出一瞬间的笑容，又挤出一句话来：

　　"你知道原因。"

　　包括我们采访的记者，当时在场的人谁也没接话，但都会意地轻轻点了一下头。短短一句话，就解释了一切，投票的时候科比·布莱恩特被划为前锋，他的场上表现比前锋中得票第二的凯文·杜兰特差了很远，但得票数却是后者的两倍。21 日，全明星赛首发阵容及最终的票选结果公布，"黑曼巴"1891614 票，而杜兰特才 980787 票。

　　"我在巅峰期好像也只拿过一次票王吧？"科比扭头问旁边的队医加里·维蒂，后者摇头表示不确定。

　　"我记得后来拿过两次，"科比有些自嘲地笑了笑，"但巅峰期好像只有一次。现在我和我的球队打成这样，竟然还能当票王……"

　　科比自己也很清楚，球迷将他投为票王，投的不是他 2015–2016 赛季的状态和表现，而是投的一种情怀。雷·阿伦、史蒂夫·纳什、史蒂芬·马布里、阿伦·艾弗森、杰梅因·奥尼尔、科比·布莱恩特，一个又一个熟悉的身影相继离开 NBA 的球场，他们带走的不只是传奇，更是一段属于每个人的青春记忆。

　　在本场比赛结束的时候，不少火箭队球迷夹杂在湖人队球迷当中退场，边退场边喊："休斯敦火箭队！"我随便拉过几个身穿詹姆斯·哈登 13 号球衣的火箭队球迷过来，问他们全明星投票都投了谁，所有被问到的火箭队球迷竟然答案一致：既投了詹姆斯·哈登，也投了科比·布莱恩特。

"我根本就不喜欢科比，从没喜欢过，"其中一个火箭队球迷说，"但我毫不犹豫地投了科比，也不知道为什么，就是想都没想就点了鼠标。"

这显然不是有意识的，这就是潜意识的——情怀。

就如 2003 年的亚特兰大全明星周末送别迈克尔·乔丹一样，这届全明星周末也同样给予了科比·布莱恩特最隆重的礼遇——就如詹姆斯所言——20 年的传奇，科比·布莱恩特应当获得这样的殊荣。

记得 1997 年，科比第一次出现在全明星赛的舞台：那年的科比并没有被选进正赛；那年的科比年仅 18 岁，参加了扣篮大赛并成为历史上最年轻的扣篮王；那年的全明星周末还是迈克尔·乔丹的天下，那个被称为"神"的家伙无人可比。

而到了 2016 年的全明星赛，赛前由"魔术师"向科比致谢，我居然看到铁人一般的"黑曼巴"眼泛泪光。此时，现场大屏幕开始播放致敬科比·布莱恩特 20 个赛季职业生涯的短片，众多球员在短片里向他致敬。

保罗·乔治：

你一直是我的精神偶像。

保罗·加索尔：

很自豪，成为你的朋友以及兄弟。

凯文·杜兰特：

你是永远的冠军、永远的传奇。

勒布朗·詹姆斯：

向你致敬，我的兄弟。

就如当年一样，年近 40 岁的迈克尔·乔丹在他最后一次的全明星赛上告诉科比，让科比不要在比赛中对他"手下留情"。转眼 13 年过去了，科比也想把这样的信息传递给其他的球员。

"迈克尔对我说过这样一句话：'虽然这是我的最后一次全明星赛，但我不想你在场上对我打得软。我想让你像平时那样跟我打球。'我说：'迈克，你了解我的，什么原因导致你说出了那样的话？'我们都笑了出来。我同样也希望在这次的全明星赛上你们一样地对待我，公平竞争，不要因为这是我的最后一场全明星赛你们就放弃了竞争。毕竟只有竞争你们才会成长。"

音乐都有停止的一刻。就在终场前 1 分 06 秒，科比被西部明星队主教练格雷格·波波维奇替换下场，科比正式要与他最后一场全明星赛告别了。伴随全场高呼"科比！科比！永远的科比！"，他转身，挥手，微笑，致敬。一如 81 分之夜他向洛杉矶球迷的挥手、30000 分里程碑时他向黄蜂队球迷的微笑、总得分超越迈克尔·乔丹瞬间他向森林狼队球迷的致敬。

他用真感情向所有球迷致敬，感谢球迷 20 年来的支持与爱。赛后，科比站在球场中央发表了动情的告别演说。

"我是如此幸运，加入我的球队，完成我的梦想，到目前为止，我在 NBA 的时间已经超过我生命的一半。也许在我第一次打全明星赛时，他们（他指着身后的球星们）可能都还只是孩子，但是现在可以和他们聊聊比赛，跟他们分享我篮球生涯的经验和一些我通过篮球比赛得到的体会了，这感觉非常棒。传承是 NBA 的传统，我希望他们都可以打 20 年，然后把自己的经验继续传承下去。"

10 分、6 个篮板、7 次助攻、1 次抢断，10+6+7+1=24，科比最后一次全明星数据，居然如此巧合。虽然在球迷看来，没有用一座 MVP 奖杯告别略显遗憾，但从科比的脸上你看到的是满足和不舍——在这里，他已获得了足够的荣耀和掌声。在告别的这一天，他放下了 20 年的争强斗狠的执念，尽情享受他最后的全明星赛。

　　离开全明星赛的舞台，脱下明星的光环，科比和所有人一样，都要回归家庭。

　　"女儿和我一样享受全明星赛，因为她们觉得这里让她们没有压力，没有因为比分而带来的大喜大悲。多年来，她们每天都看到我凌晨4点起床后做的强度训练。作为父亲，我希望让她们看到我付出的所有努力都得到了回报。这种感觉是最棒的。我希望给她们做出榜样，让她们也一样为了自己的梦想而努力，从而一步步实现梦想。让她们明白只有不断地努力才能达到目标，从而成功。"

MAMBA
FOREVER

告别勒布朗·詹姆斯

在科比的职业生涯中，最特别的人有3个：保罗·加索尔、沙奎尔·奥尼尔、勒布朗·詹姆斯。前面的两个是私人关系，后面的则是工作关系——在自己的时代结束后，是詹姆斯接过了旗帜。因此，在克利夫兰的告别是预演，在斯台普斯中心才是真正的告别。

很快，2016年3月10日来了——NBA历史的一个新的记忆点，也许人们在很多年后谈及科比与詹姆斯的时候都不会忘记这一天，因为这一天是最后的"23 VS 24"。而两人的对决更像是为球迷们精心准备的一场秀，只是少了曾经那种针尖对麦芒的拼杀。

第22次穿着紫金战袍面对詹姆斯，科比显然处于兴奋中，多次一对一的对位，让科比用出了自己最棒的投篮技术，背转身后仰投篮，干拔三分，几乎用十八般武艺招呼詹姆斯。而詹姆斯也用自己犀利的突破和霸气的扣篮回应科比。二人你来我往，一回合又一回合，让现场的球迷们都欢呼尖叫。

这就是来自勒布朗·詹姆斯的最好的致敬方式——他说过，与科比打球必须全身心投入，在科比面前不能马虎，否则他会用更好的方式回击你。科比很享受，他很久没有打得这么兴奋了，显然，上次在克利夫兰詹姆斯选择的是致敬和尊重，而今天在湖人队的主场，科比则用认真的态度来回馈勒布朗·詹姆斯。最终是科比16中11砍下26分，詹姆斯18中9砍下24分，更年轻的巨星以120∶108带走了胜利。

比赛结束，一直被外界猜测相互关系的两代巨星拥抱了很久，23 VS 24，从此，绝迹江湖。

　　科比·布莱恩特、勒布朗·詹姆斯，他们都开启了自己职业生涯的辉煌，但如果问谁在联盟更强，或许这个话题永远也没有答案，而且詹姆斯的职业生涯还在继续，现在也不是给出答案的时候。即便是科比自己，现在的他也觉得没有什么可以讨论的，但是英雄总会惺惺相惜，不管未来如何，这个时代曾经属于23号和24号。

　　从11月29日宣布退役到3月10日的最后一次的23号和24号的对决，科比亲历了自己这20年生涯中最感动的时刻，每一座城市都用自己的方式向他致敬和告别。曾经的对手、嘘他的球迷，最后都成为坐在场边的见证者，见证他最后一次在球场上的表演。

　　倒计时是最可怕的，在距离常规赛结束还有15场比赛的时候，一位记者就问过科比："还剩15场30天，你准备好了吗？"

　　科比想了想，回答道："15场30天吗？我已经准备好了，我相信后面的比赛很有趣，最后一场更有趣。"

MAMBA FOREVER

🐍告别科比·布莱恩特

15 场，30 天，虽然科比说自己准备好了，但或许他身边的队友、工作人员都没有准备好——告别。

"黑曼巴"的人生跌宕起伏，生涯最后几个赛季更是坎坷，不过，他的 2015-2016 赛季走得很轻松：不用再在自己的肩上扛着球队向前拼，也不用再考虑球队的战绩，哪怕你看到他坐在场边指导着年轻人，你也会觉得这是多么伟大的一个 24 号啊。

一直就有疑问：洛杉矶湖人队未来会选择退役 8 号还是 24 号球衣？这时候的湖人队总经理米奇·库普切克给出了答案：

鉴于两件球衣都代表科比·布莱恩特不同时期的职业生涯，可能会同时退役两个号码。这样的回复，或许让科比·布莱恩特成为 NBA 的历史第一人。

8 号球衣对于他，3 连冠和 81 分是记忆最深的；现在的他自己都已经认为，如果性格更成熟，说话不那么咄咄逼人，或许他留下了沙奎尔，或许还会有更多的冠军。但科比更希望退役的是 24 号球衣，因为他的职业生涯后半程更精彩，更富有戏剧性。而且，毕竟 24 号球衣是他自己得到的总冠军，比起之前的"OK 组合"，这次的两连冠更有分量和意义。无论两件球衣是否同时退役，未来的斯台普斯中心都会挂起科比的球衣，与湖人队队史的名宿们一起镇守这座球馆。

在科比宣布赛季退役后，湖人队传奇巨星詹姆斯·沃西曾经对他进行了单独访问。

詹姆斯·沃西

37 岁的你会对 19 岁的你说些什么？

科比·布莱恩特

我会跟年轻的自己说：一定要坚持自我，但同时观察周围的队友，全面地评价整支球队。因为年轻的时候，你眼里通常只有自己的比赛，比如"我是不是准备好了？""今晚我要怎么打？""我今晚会感觉不好吗？"等。但当你成熟了，变成一个真正的领袖后，你就会考虑更多，比如"保罗·加索尔或者拉马尔·奥多姆今晚状态怎么样？""如果他们状态不好，我该怎么激励他们？"所以我给年轻人的建议是：走出自我，兼顾全局。

回忆过去，年轻的科比其实是幸运的。年少气盛的科比，若不是菲尔·杰克逊在旁边的教导，换其他教练未必能有人压得住他。所以科比希望现在的年轻小将要有大局观，会打团队篮球，个人能力是一方面，更重要的是如何能让队友发挥出色。

詹姆斯·沃西

到目前为止，NBA 生涯最大的意义是什么？

科比·布莱恩特

只有与队友真正交流起来，我们才有夺冠的可能。战术跑得再怎么熟练，都只是技术层面的，只有心意相通的队友们去执行这个战术，才能真正取得效果。现在回过头看，我和沙奎尔·奥尼尔、保罗·加索尔的默契，和德里克·费舍尔、拉马尔·奥多姆、罗恩·哈珀，包括和菲尔·杰克逊的情谊，我们一起经历低潮，一起走向巅峰，这个过程美妙至极。

如同当年的公牛队王朝一样，仅凭迈克尔·乔丹一个人是无法得到这么多冠军的。每支队伍里面都有一个体系，每一个人都是体系中不可缺少的一部分。没有斯科蒂·皮蓬，没有托尼·库科奇，没有丹尼斯·罗德曼，没有史蒂夫·科尔，又怎么会有6座总冠军奖杯？科比也是一样，没有沙奎尔·奥尼尔、德里克·费舍尔、德文·乔治、里克·福克斯、罗伯特·霍里，又怎么会有前面的三连冠？没有保罗·加索尔、拉马尔·奥多姆、安德鲁·拜纳姆、特雷沃·阿里扎，又怎会有后面的两连冠？科比明白，领导和沟通是不可缺少的，而这两者正是这20年来自己通过不懈努力才换来的结论。

转变，科比真的转变了。

正如同他回答沃西的问题："还要注意多教给队中的年轻人一些东西，这算是我个人模式的一种转变。外界很不理解以我这种偏执的性格是如何做到这一点的，但我自己确信，要想达到目的，必须潜移默化影响身边的人才行。所以我完全可以做到这种转变。"赛季后半段他实现了之前和沃西的对话。他经常教导年轻人如何专注细节，如何用防守给对方造成压力：他指导德安吉洛·拉塞尔如何提高自己的单打技术；他指导小拉里·南斯如何去看对方的脚步，判断突破；乔丹·克拉克森经常找他聊天。

或许很多球员都很羡慕湖人队的年轻人能一直陪伴着科比。而科比曾说，只要他还在球队，他就会给这些小将们做好榜样，帮助他们一起度过2015-2016赛季。

2016年4月14日，对于科比·布莱恩特、对于洛杉矶湖人队、对于NBA、对于每一个喜欢篮球的人来说，都是不平常的一天。从早晨开始，洛杉矶的上空就弥漫着一种告别的气氛，因为到了夜晚，"黑曼巴"将在斯台普斯中心进行他职业生涯的最后一战。

而科比的这一天，如往常一样起床，这些年他的腰很难完成简单的穿衣服、穿鞋动作，一次次高强度的比赛加上每天执着的训练，几乎每一个太阳还没升起的早晨，科比都是咬着牙穿上训练服，门口停好了车送他去不远的球馆完成早上的个人训练，最近的一年，哪怕是弯腰低头进入车里这样简单的动作，都能让他疼得咬住牙。

依旧是凌晨4点的洛杉矶，街面上几乎没有行走的人，球馆里，安静得能听到科比鼻子里呼出的每一个气息，有力，稳健，瞄向篮筐的时候屏住呼吸，出手那一刻鼻孔张大。汗珠逐渐从脖子渗出，一会儿便湿了衣襟。天边逐渐露出鱼肚白，科比套上外套回家。每天都经过的街道，路上有一两行人，他们没有想到刚经过的黑色商务车里坐着的是科比，此刻街道上的平静与网络上、电视上、各大媒体上的沸腾，呈现出鲜明对比。哪怕是科比，也在提醒自己："场内场外上万球迷为我而来"，他心里清楚"大家都是来看你最后一场比赛的，不要搞砸了"。

在过去的二十年里，科比所在之处，永远被人群围得水泄不通，摄像机穿过人群，从各个角度捕捉科比表情的细微变化，层出不穷的问题，甚至是不停重复的问题，一遍遍扑向科比，要从时间的海绵中榨取他的每一秒。"我已经习惯了回答各种各样的问题，这说明大家喜欢你，他们要和你讨论你的81分啊、总冠军啊这些，从好的方面说，是他们让更多的人知道了我的故事，而人要从好的方面去看待事物，懂得感恩。"

很多明星在回忆自己的成名之路时，不约而同会说到"膨胀"，而球迷们却从来没有见到"膨胀"的科比。在洛杉矶水泄不通的公路上，只要球迷认出科比的车子，高喊"MVP"时，他都会放下车窗，与球迷招手。迪士尼公园里穿24号球衣的小球迷跑到科比面前，他都会耐心地俯身与他们合影。哪怕是斯台普斯中心的保安，科比都记得他们每一个人的名字。

马上就要离开挚爱的赛场，这个晚上，灯光比任何时候都璀璨，摄像机比任何时候都机警，他们从各个角度，冷静又勤快地记录下科比逐渐离开这块球场的每分每秒。

一大早，斯台普斯中心便已经掀开了面纱，将自己与以往不同的一面展现在了所有人面前：这座球馆的每一面墙、每一扇窗户都被修缮得焕然一新，上面全都贴上了科比·布莱恩特的巨幅海报。

海报上没有多余的东西，除了科比像之外，只有一句话：谢谢你。

如果碰巧你在那天初临洛杉矶，那么恭喜你，不用打听斯台普斯中心应该在哪个地铁站下车。看，这里有个叫科比的地铁站，从这里下车，去斯台普斯中心肯定没错儿。尽管已经有了心理准备，但是当走出地铁站的时候，每个人都会被眼前的景象所震惊。

在下午 4 点的时候，这里已经是人山人海，有些是拿着球票准备入场的球迷，更多的则只是打算在直播广场上看球的球迷。

正所谓"人有贫富贵贱"，但是他们对科比的爱却是相同的。

洛杉矶被人们称为"天使城"，而今天，洛杉矶只有一个天使，他的名字叫科比·布莱恩特。

除了少数极具先见之明提早订票的幸运儿之外，其他能够来到现场观看比赛的观众非富即贵。

前排靠近科比·布莱恩特谢幕战得门票在网络上的价格已经高达 3 万美元，一般的球迷只能在场外直播广场上看着大屏幕，蹦着，跳着。在这里，空气中流淌着科比的味道，这还真不是空口白话，在比赛结束之后，有人将那天斯台普斯中心的空气打包在网络上出售，价格达到了 13600 美元。曾经有朋友对我抱怨："多伦多全明星赛的票价好贵，在这里生活，我都没机会去感受一下全明星赛的气氛。"放心，你不孤独，能够进入斯台普斯中心的观众只有 18997 名，而其他人，也只能在场外感受气氛了。

虽然这时候的科比·布莱恩特已经不一样了，他在从停车场走向球馆的时候，不再一脸严肃，而是洋溢着笑容，但是，他依然不想将这场比赛变成一场不像篮球赛的闹剧。很早以前科比就说过：

"我不希望别人对我手下留情，拿出全部的本事就是对我的最大尊重。"

洛杉矶湖人队给予了"黑曼巴"最大的尊重，同为湖人队名宿，"魔术师"在赛前的致辞中给了他最高荣誉："他是身着紫金战袍的最好球员。"

这时候的反驳显然不合时宜，科比能做的，只有走上前去和"魔术师"紧紧拥抱。

"我会最后一次全力以赴！"他举起自己的右手，是向球迷致意，也是对着天空立下了自己 NBA 生涯关于比赛的最后一次誓言。

"请最后一次欢呼，接下来出场的是湖人队 24 号，1.98 米，来自劳尔·梅里恩高中的 5 届总冠军球员——科比·布莱恩特。"

当这句熟悉到不能再熟悉的话响起的时候，他站了起来，微眯着自己的眼睛，走向场地中央。拜伦·斯科特曾经说过，这是科比的最后一场比赛，他想打多久就打多久，他想怎么出手就怎么出手。这一点科比很明白：这场比赛和其他人无关，只属于他——科比·布莱恩特。

开场 5 投 0 中，但是科比还是在投篮。科比的投篮哲学贯穿了他的整个职业生涯，自然不会在最终战中改变。"当你投不进的时候，如果你不投，那么你就被自己击败了。如果你一直投，总有投进的时候，至少你保持了绝对的自信。"50 次出手，60 分，这就是充满自信的科比在最后一战中交出的成绩单。单凭退役战中的表现，历史上无人可出其右，也许以后也不会有人能超越。

这是 NBA 历史上史无前例的绝唱，来自 16 个国家，近 500 位媒体人在场边悉心记录着科比的每一个细微动作，以不同的语言传播给世界各地因篮球结缘科比的人们。

没有一丝差池，没有一点遗落，48 分钟的比赛逐渐接近尾声，10、9、8、7、6、5、4、3、2、1…… 哨声响起，摄像头下，科比的神情、脸上渗出的汗珠，出现在大屏幕上，谢谢你，科比……

场下坐满了好莱坞的大腕明星，科比的家人也坐在了人群中，他的两个女儿甚至有些诧异："爸爸，为什么来了这么多人，还有这么多明星？"科比赛后笑着给女儿们解释："我在球场上还算挺厉害的，好几年前也是球场上很棒的球员。"

60 分，科比的最后一场比赛，为全世界球迷画上了一个完美的句号，在万众瞩目下，与家人温暖退场。挥一挥手，却不带走一片云彩，只留下球迷们的一片惋惜。有多少人在电视前沸腾了热血，又湿了眼眶，老大等等，球队还可以引援，下一个赛季还能冲冠。

科比的退役旅程，是一场有始有终的告别盛典。"是你们所有人帮助了我的成长，让我成为今天站在这里的球员，一位真正的男人。"在对媒体正式宣布退役之前，科比在 2015 年 11 月 30 日主场对战印第安纳步行者队的比赛前，为所有球迷准备了一封信，封在一个黑色的信封里，180997 位到场球迷每个人的座位上都规整地摆放着这个黑色信封。

打开信封，信纸的最上面印着"When we first met，I was just a kid"（当我们初次遇见，我还是一个孩子）。信纸的中间是科比伸出右手指，指向了上方。

这封信的全文是：

你们中的一些人认可我，一些人并不是，但是你们所有人都助且成就了今天的我。你们给我自信，让我把愤怒释放到有用的地方。你们的怀疑也激励了我去证明你们是错误的。你们见证了我将畏惧转化成力量，你们的不接受激励了我的胆量。无论你认为我是英雄还是恶棍，请明白，我已倾我所有，将我的热情、努力、每一个我，都献给了湖人队。

你们为我做的，远远超越了我为你们的付出，我清楚，在场上的每一分钟，我都身披紫金球衣，直到今天，直到这个赛季之后的每场比赛。我对这座城市、这支球队，以及你们每个人的热爱永不消逝，感谢你们的全程陪伴。

揭开金色的封印，取出一封来自科比的信，比赛还没有开始，到场球迷已经泪流满面。那个对篮球爱到极致的疯子，怎样的自我斗争才让他写下这封信，并封上封印。

一封封信被开启的那一刻，科比在更衣室的理疗床上，做着他上场前需要进行的一系列处理，他的肩、脚踝、手指，每动一下都要忍受撕心裂肺的疼痛。湖人队队医加里·维蒂是科比的守护神，从科比17岁进入球队，二十年，他目睹了科比的每一处伤病。"他的比赛我一场都没缺席，历史上就我一个。"他已经知道这是科比的最后一个赛季，自己在这个赛季之后也将随之离开，他也满头白发，早已到了退休的年龄。科比对维蒂只有一个要求，就是要保证他本赛季在每个城市都要上场比赛一次，不能辜负前来与他道别的球迷的热情。"他连从车里出来都要忍着疼痛，可是他说他不能让球迷失望。"维蒂了解科比的职业道德与斗志，只是此刻，这些撕碎了维蒂的心，比赛之前他需要花很长时间把这个四分五裂的躯体仔细包扎送上场，"我经常跟他（科比）说我做不到，他说你干吧，我要上场。"

就这样，科比的最后一个赛季，是一场与球迷告别的环游记。他每到一所球馆，正如他所说的，要坚持上场，用曼巴的形式与球迷道别。

不是被时代抛弃，也不是年龄，更不是不爱了，是科比在与自己讲和，不停拼命对抗时间与现实的MVP，在他依旧带领球队厮杀的年龄，与挚爱他的、恨他的、所有人告别，一个完美的转身，谢幕自己的青春。

20 年、1346 场常规赛、33643 分、48639 分钟，这些数字，也许在很久以后，依然会镌刻在 NBA 的历史上。这是属于科比的一切，是科比留给所有球迷的财产。

也许平时，有人爱他，恨他，为他哭泣，为他微笑，看着他为湖人队战斗，看着他伤害一个个对手，但是到了这一刻，所有的情绪汇总起来，只有两个字：不舍。

当一切尘埃落定，科比遵循了自己的诺言，没有在媒体面前流泪，但是所有人都感受到了科比的伤感。

那个偏执、孤傲、高冷的 24 号，离开了 NBA，留给球迷的只有一个空荡荡的球馆。

还有一句在洛杉矶夜空飘荡的话：

曼巴走了！
但曼巴永不退场！

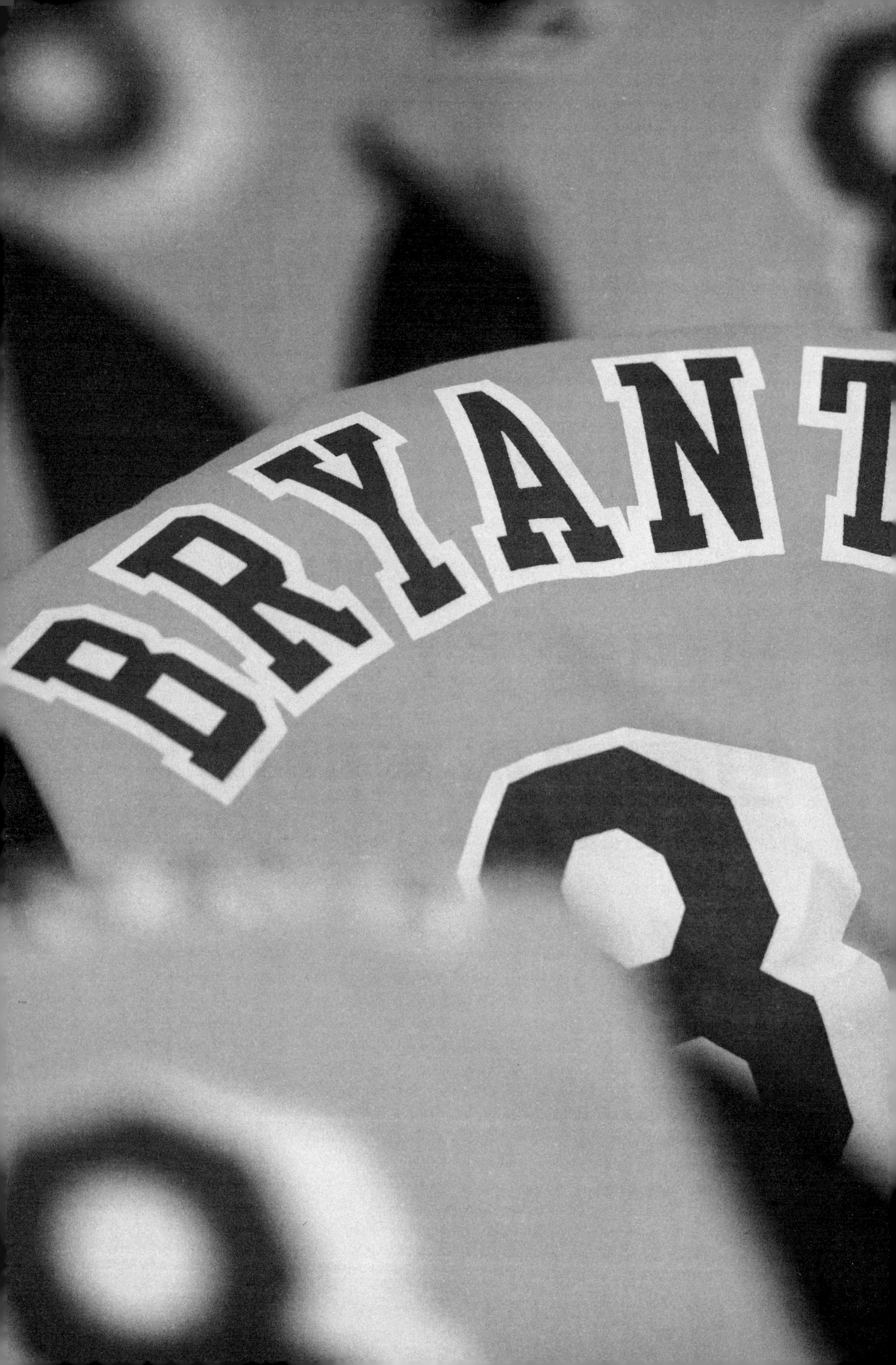
BRYANT

第四章

永恒

2020.1.26

那一天，那一刻，是世界的伤痛。

华丽转身

"以前的我，回到家里还会继续看比赛片段，放慢速度，看我的脚步，哪些动作还不完美，然后要去健身房继续加练。"退役第二天的科比，翻开了他人生新的篇章，如果第二天睡一个懒觉然后再与家人懒散地吃个午饭的生活是大家向往的退休生活的话，那科比终究是科比，过人的天赋来自严苛的自我要求，退役后第一个太阳升起的日子，科比依旧早早起床，完成了简单的训练，8：30准时走入办公室，进入自己新的角色——挖掘其他人的励志故事，鼓励全世界的角色。

科比说自己一直是一个思考者，这些年他经历了很多"大"事件，也认识了很多"大"人物，他喜欢在夜深人静的时候进行思考，想人生的无限种可能。如果不打篮球，他会去做什么？"我想我会去写书，而我其实一直都在写作，为了不影响训练，也不耽误陪伴家人，我经常在深夜写作。"因为经历与信念，科比坚信世间靠努力一定能创造奇迹，而这种信念，他也希望靠自己的能力传递出去。

二十年职业生涯，科比的总收入达到3.28亿美元，早在2013年，科比与著名企业家杰夫·斯蒂贝尔一起创立了风险投资公司布莱恩特·斯蒂贝尔（bryantstibel），该公司拥有超过20亿美元的资产，直到科比退役，他才与斯蒂贝尔通过法律形式将合作关系确定下来。科比还亲自为这个基金设计了logo，科比作为公司的品牌与市场相关负责人，他想通过自己的影响力去做一些有价值、持久的事情，最好能帮到一些人，鼓舞全世界。

其实早在2000年，科比就有想法做一些商业性的投资，只是当时并没有那么多时间去仔细思考，2014年伤病期间，科比开始学习如何成为一名商人，他在推特上面与高管会面，并且参加大学的一些商业课程，疯狂吸取知识。硅谷知名天使投资人Chris Sacca给了科比一些建议，让他多看TED演讲，而科比也经常在深夜给Chris打电话，探讨一些投资问题。

科比的队友里克·福克斯曾经说："科比和乔丹一样，都喜欢不停攻击对手，迫使对手屈服。不同的是，乔丹喜欢在一切事情上压倒其他人，而科比则专注于征服自己。"科比曾多次向耐克CEO马克·帕克请教问题，甚至还在2014年夏天前往中国拜访阿里巴巴总部，向马云取经。他为自己公司的定位是：帮助那些重新定义体育行业的品牌与创意。他自己也身体力行，在体育行业践行试探与创新。

曾经的历史告诉我们，大部分球员退役后会利用自己的明星效应代言一些产品，出席体育相关的商业活动。比如乔丹在退役之后与耐克合作了乔丹品牌，之后还成为黄蜂队的老板。前队友奥尼尔，加盟TNT成为体育"名嘴"之一。而科比一下在体育频道里消失，他一转身以第三大股东的身份投资了运动饮料，并且同年投资翻倍160%。

投资成功率达到5%即是一个优秀的投资人。"我追求更高的成功率，因为我要寻求每个行业中最专注的那一个。"二十年征战球场，科比知道"专注"是将努力转化成回报必不可少的因素，这也成为日后他选择投资伙伴的金标准。

布莱恩特·斯蒂贝尔的基金投资包括针对运动员的新媒体 The Players' Tribune，这是一次新的尝试，科技领域、创新领域与体育的融合，科比说他原本想向科技世界学习，然而在合作过程中，他的建议还可以帮助到新媒体平台快速发展。The Players' Tribune 是一个供运动员上传视频或者播客的平台。科比以自己曾经的运动员经历告诉平台，他们也许可以更多关注一些幕后的故事，或者做一些深度剖析的节目。

科比说他的商业偶像是耐克CEO马克·派克。在他们之间的交流中，马克给了他很多启示，关于投资的长久化，了解一个公司存在的意义，并且将它与大众联系起来，找到共鸣，寻找对人性的启发。在明星球员与商业投资人之间，他希望自己的后一个身份可以被大家记住，也希望自己的商业经历可以帮到日后退役的球员，给他们一些启发，寻找一些比代言广告更长久可靠的生存方式。

斯蒂贝尔说："我们最初的合作与想法并不打算对外界宣传，然而科比的影响力太大了，我们无法躲过公众视野。"布莱恩特·斯蒂贝尔投资了数十个公司，运动识别商 FocusMotio、线上服饰销售平台 Represent、游戏巨头 Epic Games，还有我们中国的阿里巴巴集团、在线教育品牌 VIPKID。

MAMBA FOREVER

🏀 网球新星

乔丹当年退役之后去打过棒球，并且还打得不错，科比退役一周后就去与经纪人兼挚友罗伯·佩林卡打起了网球。众所周知，网球是罗伯·佩林卡一直以来的爱好，他拉着科比去纽波特当地一家网球俱乐部打球。"开始的时候，科比打不过我，过一阵子我发现，每次我按照我们约定时间到达俱乐部的时候，他都满头大汗坐在那里等我，然后他有时候能赢比赛，再然后我就打不过他了。"佩林卡觉得奇怪，仔细研究后明白了曼巴精神又被带到了网球场，科比找了私人教练，指导他训练，所以这就是为什么科比每次都在与佩林卡比赛之前就满头大汗。

与篮球一样，当科比专注于某项运动，他就会系统研究，并掌握它。从此科比经常出现在美网公开赛上，他与莎拉波娃一直都是很好的朋友，会经常短信向她询问一些网球技巧。不仅如此，科比在家里开始研究网球录像，这种沉迷还表现为他出版了一本关于网球的书《遗产与皇后》（*Legacy and the Queen*），这部小书讲的是一位名叫 Legacy 的弱小女孩，她是一名网球天才，她要用自己的才能拯救诺瓦王国，于是她不停地训练，然后与对手一决高下的故事。在这本书里，女主永远是第一个来到球场、最后一个走的人，正如当年篮球场上的科比。

美网冠军大阪直美是这本书的超级粉丝，在 2019 年美网比赛现场，科比还去参与活动并为自己这本书做宣传。

🏀 温暖的家

参与商业投资以外的所有时间，科比几乎都在家里与孩子们在一起，他们会像所有游客一样全家去迪士尼公园玩，也会在纽波特海港的餐厅一起吃饭。大女儿娜塔莉娅 2003 年出生，已经成为身高超过妈妈的出挑女孩。"这些年我错过了太多孩子们的成长，随着一个赛季又一个赛季，我的宝贝已经从小婴儿变成了大女孩。"很快，在科比退役后不久，他的三女儿碧昂卡呱呱坠地，这是一个幸运的、结结实实被科比捧在手心里的小公主，他甚至很少让别人抱她，被瓦妮莎笑称"自私的父爱"，科比就像小碧昂卡的保镖，将她捧在手心，呵护在怀。

经纪人罗伯曾说，科比是女儿碧昂卡的保护神，他经常把碧昂卡放在宽大的肩膀上，做她的人肉移动工具，一会儿是飞机，一会儿是汽车……

科比全家都是迪士尼的粉丝，加州居民们经常在夏天休赛季里，在迪士尼偶遇乐在其中的科比一家人。科比与瓦妮莎有互相的爱称，科比是米奇，而瓦妮莎就是他的米妮。从他们热恋开始就彼此演绎对方心中的迪士尼经典，活在动画世界的二人营造着自己的《米奇妙世界》。

迪士尼频道也是科比全家最爱的频道，科比说他最喜欢看迪斯尼频道的《乐在其中》（stuck in the middle），那是一个欢快的家庭剧，里面的配乐，科比可以随口唱来，他称这是一个洗脑的快乐剧。"孩子们热爱《乐在其中》，我们家的电视一打开就是迪士尼频道，你看看孩子们开心的样子，很难不开心。"

以电视为中心，唱唱跳跳，是科比家最欢快的日常，"坐着跳舞"是科比的独门绝技，因为他站着跳舞技术太差了，经常被女儿们嘲笑，所以每次看电视的时候，科比坐在沙发上，随着音乐自如摇摆，他自嘲："如果有坐着跳舞大赛，我一定能拿冠军。"

2019 年 6 月，40 岁的科比与妻子瓦妮莎迎来了他们的第四个女儿——Koko。尽管妻子瓦妮莎一直想生一个儿子，但是科比说："我爱我的女儿们，你知道吗？她们带给我很多幸福和甜蜜的时光。小女儿的全名是"Capri Kobe Bryant"，中间名是瓦妮莎取的，起初科比还感觉有一点点别扭，过了一段时间，瓦妮莎提议要不然换一个中间名好了，科比却大喊反对："不可以，你不能送人一个礼物，然后又收回去。"球迷们与科嫂一样，希望科比能有一个儿子，将来再进 NBA，也许上天怕"科比的儿子"背负太多期望，于是每次都送一个公主过来。

退役后科比经常出现在青少年相关的活动中进行演讲，他的曼巴精神让所有人尊敬，偶像的力量激励着青年们，不畏艰苦，执着拼搏。他本人也身体力行地在更多新鲜领域展示更出众的才华，他在各个角色之间跳跃，而不变的是"父亲"的职责，每天早上，科比都会亲自开车送女儿们去学校，他本人试图在路上对孩子们进行精神鼓励，传递曼巴精神，每次话到嘴边，女儿们像两个小机灵鬼，马上投降："又要开始说教了吗？"

"教育是我一直在研究的领域，我知道教育来自沟通，我愿意尝试各种沟通方式。"

吉安娜是泰勒·斯威夫特的疯狂粉丝，2015 年斯威夫特在洛杉矶连开了 16 场演唱会，每一场都会请一位特殊嘉宾一同登台，吉安娜在演唱会后台看到泰勒激动地跑过去问"今晚的神秘嘉宾是哪一位？"泰勒开心地说："你的爸爸啊。"吉安娜依旧充满期盼地看着泰勒："我知道，我在问还有谁呢？"泰勒惊讶地问："有你爸爸还不够大牌吗？"一旁的科比尴尬到无以复加，他的出现让全场沸腾，却让自己的女儿失落。

"我知道，想要跟孩子们沟通就要与他们成为朋友。"2018 年当泰勒·斯威夫特再次来到斯台普斯中心，科比带了全家一起出现在场边，吉安娜作为泰勒的疯狂粉丝，整场演唱会在台下跟着唱唱跳跳，演唱会结束之后，科比还带两个女儿到后台找到泰勒合影，而泰勒跟她们说："我是你们老爸的粉丝，他能来我的现场，我太激动了。"

　　娜塔莉娅与吉安娜低头互看，她们追逐的偶像，也有自己的偶像，不是别人，是自己的老爸。这可不是一点点的骄傲，一股尊敬由心底升腾起来，化作姐妹俩默契的一笑。

　　"退役仪式是很棒的教育孩子们的舞台，我的妻子、孩子们坐在场边，我说什么她们必须认真听着。"科比也露出狡黠的笑，他也是天下家长的一员，也会在孩子成长中给出一些中肯的建议，为了让孩子们更好地吸收这些建议，科比在退役仪式上对孩子们讲了做人该努力和坚持，敢于挑战自己。父亲在告别自己的篮球职业生涯，其中的付出讲给女儿们听，希望她们在此后的日子里还能想起，还能共勉。

　　天下没有不想对孩子好的家长，但是身体力行演绎生活中曼巴精神的，只有曼巴本人，天下无二。

MAMBA FOREVER

畅销书作家

曼巴精神永存！退役之后，科比有了大量时间，去做他一直想做，在做着，并终于公之于众的一件事。科比成了一个作家，且是一个畅销书作家。

很久没有出现在球馆的科比让球迷们有些着急，终于，大家听说科比的第一本体育类魔幻小说《巫茨纳德系列：训练营》(*The Wizenard Series：Training Camp*)。

科比一直是一个大号的哈利·波特粉丝，他认为热爱到极致可以成为魔法，让梦想成真，所以这本书他独创了魔幻体育文学。故事背景发生在一个为期两周的篮球训练营的过程中，在这里读者可以了解每个角色，他们的个人奋斗，他们从哪里来，他们最终可能会去哪里。

书中充满了关于精神耐力和情感清晰度的见解、巅峰表现需要，以及同理心的重要性、团队合作和导师，巫茨纳德系列是一个不可或缺的原创故事。

在这本书里，科比的一些前教练（尤其是菲尔·杰克逊）与书中挥舞着魔法的篮球队主教练罗拉比·维茨纳德形象融合在一起。

这本书一面世就迅速荣登《纽约时报》畅销书排行榜首位。曼巴从未离开，他每次都以更强的姿态出现在人们面前。

"如果五十年后，你们还记得我是一个篮球运动员，我觉得太失败了。"在一次采访中，科比面对镜头，吐露心声，他想做一个制造故事的人，让这些故事成为每个孩子与他们家庭的纽带，为孩子们创造梦想，希望他们每天早晨醒来，可以为了梦想去拼搏，努力实现梦想。

奥斯卡小金人

通过吸引儿童的魔幻类小说去激励青少年是科比对外表达的一部分，他一直在尝试的还有借助影视作品来表现个人信仰，而主角，没有比他本人真实的篮球故事更具说服力的了。

由科比担任制作人、编剧、主管的动画短剧《亲爱的篮球》荣获 2018 年第 90 届奥斯卡最佳动画短片大奖。科比迈出自己作为电影人的第一步，也成为历史上首位拿过奥运会金牌、NBA 总冠军戒指，又捧起奥斯卡小金人的人。

"我现在的热情就是创造打动人的故事，"科比在电影发布之初与大家分享一个好的故事的成功秘诀，"创造一个好故事，找到最合适的呈现方式，这些故事就能在屏幕上打动所有人。"

如果真的有魔法，科比的魔法就是"热情"二字，热情让他比努力更努力，并沉迷其中，然后用自己的"热情"打动其他人，激励他们。

影片《亲爱的篮球》讲的就是科比如何爱上篮球并走上篮球之路的，其中也揭示了背后的心酸与痛苦，尤其是受伤之后的挣扎。但是，最终他成为宇宙最强的那个男人。

没想到的是，在斩获奥斯卡大奖后，科比又获得了第 39 届体育艾美奖最佳后期影响设计制作奖，他就此完成了左手奥斯卡、右手艾美的大满贯。

凌晨 4 点的洛杉矶，没有因为科比的退役而结束，他还在为自己寻找可以为之疯狂的热情，并付出超出常人的努力，也一定会获得一个超出平常的果实。

曼巴之队

站在奥斯卡颁奖台上亲吻小金人，是许多好莱坞人的毕生梦想，科比说他都不知道怎么会一下子就得奖了，就如同他的辉煌不会止步于NBA，科比的人生好像星辰大海，他从不为自己设限，只有众人想不到，没有科比做不到。夺得奥斯卡奖的新闻热度在网络上还没有消退，科比又带领一支女子少年篮球队登上了美版《扣篮》（SLAM）杂志的封面。站在科比左手边的，是他最爱的二女儿吉安娜，这是一支八人女子少年篮球队，科比是这支球队的教练，每天指导她们训练。

曾经有人问过科比，退役之后会不会执教NBA球队，科比摇头："不，我想我不会。"他对篮球的热爱，是一遍遍打磨自己，离开球场后的很长一段时间，大家甚至没有在NBA场边见到过科比与家人，直到吉安娜爱上了篮球。儿时的吉安娜最先接触的运动是足球，也是半个意大利人的科比最喜欢的运动之一，科比退役后，还遗憾他说过家中两位公主没有一个喜欢篮球。

大女儿娜娜是一个很稳重的女孩，"像所有家庭的第一个孩子一样，她成熟，替别人着想，而第二个孩子（吉安娜），就会相对任性，精力旺盛，想法很多，就好像艾莎与安娜"。在科比心中，大女儿是很让人放心的那一个，因此科比与吉安娜的交流就会更多，由于吉安娜太过活泼、冲动，他一直更加关注吉安娜的一举一动。

命运的大手有时候会在平静的生活中搅起一点点浪花，跳跃在水面上，精彩且充满激情，但也许会暗藏玄机，是一段无法回头的故事的引子。

"吉安娜最开始踢足球，然后突然有一天她让我教她打篮球，我开始一点一点教她，于是她爱上了篮球。"这是世界上最甜蜜的亲子时光的开始，像老爸科比一样，吉安娜对篮球的爱是痴狂的，她每天晚上都与父亲一起观看NBA比赛，还有精彩集锦。离开球场之后，科比很长时间都没有再看过篮球比赛。当吉安娜爱上篮球以后，她要求在自己的手机上装 NBA League Pass，以确保她能看上每一场比赛。"吉安娜最喜欢特雷·杨，她也喜欢看詹姆斯·哈登的比赛，还有卢卡·东契奇、勒布朗·詹姆斯，他们的比赛她都在看。"吉安娜从出生就与母亲一起到斯台普斯中心看过很多场湖人队的比赛，那时候她去看的是爸爸，小小的卷花头妹妹像百货商店橱窗里的可爱玩偶，拎着彩色的小包，在湖人队更衣室门口等待爸爸接受完采访，将自己抱回家。

吉安娜爱上了篮球，像当初的科比，篮球也成为这个女孩生命中的一部分，她的激动、执着、热爱，科比都懂，时光仿佛回到二十年前，年轻人的热爱是比青春期来得还要猛烈的热血沸腾。科比恰巧知道这种感觉，懂吉安娜的需求，他将吉安娜带到了湖人队比赛的地板边。自科比球衣退役以后，科比还没有来探望过这块紫金地板，这一次，他是一位陪伴女儿看球的热心父亲。斯台普斯中心的工作人员看到科比，如同旧时光又回来了，昨日的璀璨仿佛就在眼前。场边维持秩序的大姐，在曾经的日子每晚看着科比从球员通道跑出来到场边热身，今晚，她再次看到科比和身边的吉安娜，激动得发不出声音，科比也像看到了家人，将她拥入怀中。久别的思念化作再见时的泪水，"有你此刻更加完美"。

"我们去场边看球收获了很多乐趣，这是第一次我从她的眼睛里去观看比赛，而不是作为一个球员坐在场边观看，我发现这很特别。"这对父女很享受他们的看球时光，在比赛的过程中，科比不断地与女儿讨论场上情况，以吉安娜的视角深入比赛，平日的战术被高水准的球员在比赛中完美演绎，这是战术、经验、实战的完美结合，吉安娜是世界上最快乐的小鱼，遨游在篮球的海洋中。这比任何事都让她快乐，加上中场休息的时候，詹姆斯还会走过来，握着她的手说："我看过你之前的比赛，那个后仰跳投很漂亮，有曼巴的影子。"科比还会带着吉安娜"追星"，特雷·杨是吉安娜最喜欢的球员之一，老鹰队的比赛中场时间，特雷·杨会到场边与吉安娜合影，留下两张开心的笑脸。"这是我的荣誉，我自豪无比"，特雷·杨也因此很关注吉安娜的比赛，他们再见面时会有交流。

科比每天亲自给这支 12 岁的女子篮球队训练，并给球队起名"The Mambas"（曼巴之队）。"每个晚上，我都来球馆给她们训练，从一些基本的脚步开始，运球、传球，然后是抢断，反复训练，这需要耐心，给她们时间，她们会进步很快。"想到刚刚组建这支球队的时候，很多小孩还不会三步上篮，10 个月过去，她们的技能全面提高了一大步，在比赛的练习中，科比会教她们使用"三角进攻"，他说："我可不是菲尔·杰克逊的崇拜者，我认为三角进攻很有效。"

"曼巴之队"可不是随便叫着玩的，科比要求小队员们每周七天不停训练，假期更是双倍时间训练，球队的助教和其他工作人员都感觉他疯了。"我们听说过曼巴精神，但当用到自己身上的时候，你会觉得这太疯狂了，但是当一段时间的坚持过后，老天爷，孩子们有了惊人的进步。"这支曼巴之队，是完美的曼巴精神演绎者，连科比自己都被孩子们的快速进步惊呆了："非常震惊，非常震惊，她们的进步完全超越我的期待。"

若不是热爱，这 12 位小姑娘也不会每天扎在球馆里，一身训练服，练到精疲力竭。她们就好像一盒优良的种子，在充足的阳光、养料、科学的培养下，曼巴之队已经名声在外，里面的好几位优秀队员都提前被名校预定。

很多人都想知道争强好胜的"黑曼巴"退役之后在何处施展自己的好胜心，曼巴之队，肯定是其中一条通道，科比带领这些女孩每天晚上长时间地训练，投篮、脚步、三角进攻、防守等等，他的曼巴精神输入给整支球队。科比挚友、前经纪人、湖人队现任总经理罗伯·佩琳卡说："科比组织他的女子球队与学校同年龄的男子校队打比赛，他安排了球馆、裁判、计时器，一应俱全。比赛开始以后，科比坐在场边非常安静，姑娘们打得就像精密的瑞士手表一样有条不紊，然后曼巴女子球队赢了男生们，她们露出得意扬扬的笑。"

隆多夫的女儿麦肯莉在 2019 年搬到洛杉矶以后，加入了曼巴之队，她是球队的最后一块版图，回忆起为科比打球的日子，麦肯莉有很多感慨，在最开始的时候她认为自己做不到，每天晚上 7—9 点训练，从学校开车到训练馆需要两个小时的时间，训练结束到家里已经接近 11 点了，每天都是这样。麦肯莉回忆第一次参加球队训练："我妈妈说服了我去球队试一下，然后我见到科比，他说欢迎我加入，然后我们一起训练，打了一会儿，我感觉我爱上这支球队了，我愿意每天往返四个小时过来训练。"

麦肯莉回忆科比，认为他是既严苛又会从各个角度激励球员的教练。"他经常会说，你要使出百分百的力气，每一个进攻、每一次防守都要保持专注，一直坚持下去，一定会看到成效。"

科比带领这支 U13 球队到处参加比赛，曾经她们以大比分战胜另外一支年龄更大的 U16 球队，吉安娜在攻防两端表现犀利，一度被认为是美国女篮的未来。

时隔一年之后，在回忆与吉安娜一起打球的日子，麦肯莉·隆多夫还能感受到吉安娜火热的性格与场上争胜的态度。可是她身边再没有 Mamba 2 号，与她一起离队的是深爱她的父亲。

▼ 世界之殇

2020 年 1 月 26 日，这一天，震动世界、我和我身边的每一个人。

洛杉矶当地时间 9 点 45 分，科比与吉安娜乘坐的直升机在洛杉矶西部地区，以每小时 296 千米的速度撞向山脉，而下降速度则超过每分钟 4000 英尺，飞机碎片散落在卡拉巴萨斯山脉一个足球场大小的区域内，撞击造成了一个大坑，引发的火焰吞噬了飞机残骸，浓烟滚滚升起，失事地点化成一片灰烬，尘埃飘荡在山谷中。

"每个人都是宇宙中的一粒尘埃，荣耀、利益都是身外之物，最终，也只是一粒尘埃。但是，这一粒尘埃却是永恒的一粒。"

当"科比空难"这条新闻出现在互联网上的时候，没有一个人相信这是真的，"不可能"，这是大家脑子里冒出的第一个想法，随后网络上炸锅了，直到电视新闻里对此惨剧进行确认与报道，世界安静了……

如果有来生，

要做一棵树，

站成永恒，没有悲欢的姿势。

一半在尘土里安详，

一半在风里飞扬，

一半洒落阴凉，

一半沐浴阳光。

如果有来生，

要做一只鸟，

飞越永恒，没有迷途的苦恼。

东方有火红的希望，

南方有温暖的巢床，

向西逐退残阳，

向北唤醒芬芳。

"从来没有一个运动员的离世，让如此广泛的人群随之伤心"，《洛杉矶时报》评论科比逝世这条新闻的威力为一颗"原子弹"，牵动了全世界人类的心。

昔日队友奥尼尔说他当时正在家中与两个儿子一起健身，一个儿子突然报告他网上传来的噩耗。"假新闻，太离谱了，网上三天两头有假新闻。"这个时候，奥尼尔也拿出自己的手机，铺天盖地的短信与邮件，他的心一沉，一种不祥的预感让他心跳加速，所有的信息几乎都证实了之前那条"假新闻"的正确。

"人最痛心的时候并不是号啕大哭，反而显得有些平静，我当时心中只有绝望、不解、不相信……"奥尼尔说，"很多天之后，我还沉浸在绝望、不理解，更多的是自责中。"

"OK 组合"是 NBA 历史上最成功、最风光的组合之一，两人初遇见时，科比还是初出茅庐的年轻人，奥尼尔也正处在自己职业生涯的高光时段，二人互相成全了对方，也成就了湖人队的紫金王朝。虽然也有一些小矛盾，虽然记者们最关心他们之间的故事，所谓的"不合""矛盾"。

"我们私下是很好的朋友，只是我们太忙了，我每次见到吉安娜，都会给她表演魔术，我喜欢逗她笑，我希望她喜欢我是因为我是一个有趣的人，而不是因为篮球的原因。"

所谓相爱相杀，就是奥尼尔与科比，他俩每次见面都要互相调侃一番，比一下手里的总冠军戒指，再假想一下，如果两人从未分开，还可以再一起捧多少次总冠军奖杯。

"然而我现在体会到什么是悲痛欲绝，我再也没有机会跟他一起去做那些畅想，我总在盘算，见到他以后用什么样的方式告诉他我比他厉害，我每次见到他都争取不在嘴上输给他。但是，现在我生命中最重要的一个部分没有了，我不知道我该怎样面对今后的生活。"

同伴是生命中的砥柱，而对手最了解你的伟大。

当科比不幸的消息瞬间传播到 NBA 各个球员手机上的时候，每个人的反应大抵一致："这不可能，怎么会这样。"

詹姆斯下飞机得到消息后，掩面走下飞机；道格·里弗斯在赛前接受采访时，泣不成声；一向喜怒不形于色的"石佛"邓肯，坐在场边，控制不住地流眼泪。

科比的联盟好友、场上对手韦德收到噩耗之后痛不欲生，他不停地说："这是一场噩梦，科比走了，他是这个世界上最热爱篮球的人，没有人能超越他。"

韦德与科比成为挚友还起源于一通电话，有一次一个陌生号码不停地给韦德打电话，接听之后，才知道是科比，科比说："嘿，这轮总决赛波士顿凯尔特人队对我的防守让我很痛苦，我看过比赛录像，你是最好的解挡拆的人，我看过常规赛里你与他们对位的录像，教教我怎么破解他们的防守。"韦德感觉受宠若惊，这是第一次一位老将向他请教比赛技巧，而且这个人还是科比。之后韦德坐在电视前看湖人队与凯尔特人队的系列赛，他想看看科比是不是用了一些那天他传授的技巧。"科比棒极了，他整晚都在统治比赛，我感觉我的一部分在场上比赛。"

几乎全世界都陷入了悲痛当中。球员、球迷，甚至各行各业的人，都在这一天为科比感到悲伤，感到不敢相信。

❖ 篮球的信仰

　　洛杉矶当地时间 2020 年 1 月 31 日晚，湖人队主场迎战开拓者队的比赛现场，斯台普斯中心成了金色的海洋，主场铺满了 8 号和 24 号球衣，场边属于科比与吉安娜的两个座位上，分别套上了吉安娜的黑色 Mamba 2 号球衣与科比的 24 号紫金球衣，他们的座位上摆放了鲜花，他们在场边观看比赛，愉快交谈的场景仿佛昨日，这是一场斯台普斯中心历史上最隆重的悼念，英雄从此处诞生，也应从此处落幕，全世界在此处见证他的伟大，他的精神也应与此处共生。

　　湖人队球员库克，从小以科比为偶像，并最终成为湖人队的一员，与偶像说再见，却是再也不见，他泪流满面待在场边。湖人队的核心领袖詹姆斯，不时抱着队友哭泣。在比赛前他走入场地，他说："今天有人给我写好了演讲稿，但是我不想念，我要对湖人队球迷说出我真心的话。我不想把今晚当成与科比的告别，今晚我们一起为他庆祝，庆祝他二十年在这块场地洒下的汗水、泪水，他在这里有数不尽的时光，他在场边穿梭，他在场上拼搏，他永远追逐伟大的决心。"

　　詹姆斯身着 24 号球衣，面对爆满的斯台普斯中心所有抽泣的观众。他们有的从很远的地方赶来，就为在这块代表科比篮球青春的场地为他送行：

　　今晚我们为这个 18 岁进入联盟的少年庆祝，他 38 岁退役，而最近三年，我认为他是我见过的最棒的父亲。科比就像我的兄长，从我念高中开始，就远远地仰望他。直到 18 岁，我进入联盟，与他更近了一步，从我与他打过的每一场比赛，我发现，我们有一个共同点：想要赢，想要追求伟大。此刻，在这块场地上，对我更加意义非凡，我要与我的湖人队兄弟们传承他的精神，只要我们还在赛场上，我们就会一直传承，因为我知道这是科比想要的。科比说：曼巴不再；而我们说：曼巴精神永存。

湖人队每位球员都在衣服外面套上了 24 号或 8 号的紫金球衣，在球员出场介绍环节，每一位湖人队首发球员的介绍都是：

6 尺 6 前锋、来自劳尔·梅里恩高中，第 20 个赛季，科比·布莱恩特！

曼巴从这座宫殿走出，他的样子、他的精神，将永远与斯台普斯中心这座紫金王朝的宫殿同在。科比的 24 号和 8 号球衣永远地悬挂于球馆上方，他是这座城市关于篮球的信仰。

MAMBA FOREVER

漫长的悲痛

科比与女儿的突然离世，让还没有从疫情中缓过神的人们更加迷惑，沉闷的气氛让人感慨"逝者已逝，生者如斯"。多方面传来的消息里却没有瓦妮莎的声音。大家都在担忧，她同时失去了丈夫与女儿，怎么过接下来的日子，"她还好吗？"

事情发生五天之后，瓦妮莎在社交媒体发布了长长的一段话：

我和女儿们要感谢数以百万计的人们在这极其悲痛的时刻给予我们的关心。谢谢所有为我们祷告的人们，我们的确需要你们的支持。如此状况突然痛失亲人把我们摧毁，我深爱的丈夫——科比，也是我孩子们挚爱的父亲，我美丽善良的吉安娜，她是最有爱、最贴心、最棒的女儿，也是娜塔莉娅、碧昂卡、卡普里最棒的姐妹。对在周日事故中与我们同样丧失亲人的那些家庭，我们也为他们感到惋惜。

此刻，没有任何词语可以形容我的悲痛。科比与吉安娜知道他们被很多人深爱着。他们曾出现在我们的生命里，是上天巨大的恩赐，我希望他们可以一直陪伴在我们身边，然而如此美丽的恩赐却被早早收回。

我不知道今后的日子怎么过，无法想象没有他们二人的生活会是什么样子。但是每天我们睁开眼睛，都会努力想着，科比和我们可爱的女儿吉安娜在为我们照亮前方的路，我们对他们的爱绵长不绝、无法估量。我多希望可以抱抱他们，亲亲他们，亲自祝福他们，与他们永远不分开。

感谢大家长久以来与我们分享快乐，也与我们一同悲伤，我恳求你们可以尊重我们，并给予我们一些时间处理隐私，直到我们可以面对现实。

同时失去两位至亲的悲痛不是每个女人都可以承受的，面对家中三个女儿，小女儿卡普里才七个月，瓦妮莎选择了坚强，她唤小女儿为

Koko bean，并说从她的眼睛里看到了吉安娜。

　　瓦妮莎从 17 岁与科比相恋，携手近 20 年，这是科比第一次缺席瓦妮莎的情人节。2020 年 2 月 14 日，瓦妮莎在社交媒体深情悼念丈夫：

"致我永远的情人，我深爱着你，在你最喜欢的节日，送上我最浓烈的思念。亲吻在天堂里的你和吉安娜。"

　　此时科比与吉安娜已经被安葬，9 天之后，将在斯台普斯中心举办他们的追悼会。

MAMBA
FOREVER

✔ 生命的礼赞

科比与吉安娜的追悼会于洛杉矶当地时间 2020 年 2 月 25 日上午 10 点钟在斯台普斯中心举行，网络售票报名通道有八万人报名参加，事实上中签的球迷只有两万人，这两万幸运球迷参与了这场名为"生命的礼赞"的追悼会。每张门票的图案都是身穿总冠军背心的科比，抱着年幼的吉安娜，两人对视而笑。门票的所有收入都捐向了 Mamba&Mambacita 体育基金组织。

为了这次追悼会，湖人队在斯台普斯中心搭建了一个 24x24 英尺的舞台，周围被 33643 朵红玫瑰围绕，纪念科比生涯所得到的每一分。

当天到场的嘉宾除了瓦妮莎与女儿们以外，还有科比的父母、姐姐、迈克尔·乔丹、"魔术师"约翰逊、奥尼尔、比尔·拉塞尔、韦德、杰里·韦斯特、库里、韦斯布鲁克、哈登、霍华德、纳什、吉诺比利、帕克、格林、基德等，还有坐在角落里要求镜头不要拍他的詹姆斯……

科比的挚友吉米·凯摩尔担任"生命的礼赞"的主持人，为这场仪式开场，好友碧昂斯演唱了两首科比最喜欢的歌曲——《XO》和《halo》，碧昂斯把歌词做了一些改编，她说："我爱科比，所以我来了，这是他最喜欢的歌，希望大家跟我一起唱。"

科比与吉安娜最爱的女人——瓦妮莎，坚强地走到舞台中心，台下两万多人为她齐声鼓掌。"谢谢大家，感谢你们来到这里，此刻与我站在一起，你们的支持对我来说非常重要，我爱你们。"

瓦妮莎谈到吉安娜，她的眼泪止不住夺眶而出，一度哽咽到停顿：

我的宝贝吉安娜，她是世界上最温暖、最甜蜜的女孩，她是爸爸的宝贝女儿，但她最爱妈妈。我怀念她每天早上和晚上的吻，她如同阳光一样。科比经常说她就是我，她有我的火暴脾气，也有我内心柔软的一面，她是我最好的朋友。她热爱烘焙，她的笑容纯真透明，她擅长各种运动，充满自信，她甚至给学校里男子篮球队教练提建议帮助他们得分，建议他们用三角进攻。

我没有机会看到她与姐姐一起进入高中，还没有教她学会开车，也不会有机会在她的婚礼上告诉她她看起来有多美，我永远不会看到她走过婚礼红毯，和她的爸爸跳舞，和我跳舞，她会是世界上最好的妈妈，而我却没有机会看到她的孩子。她本可以是一个优秀的 WNBA 球员，她一定会让 WNBA 登上新的高峰，她还想过因为男女工资不公平，为 WNBA 球员发声。吉安娜，我爱你，全家都爱你，我想念你的手工贺卡，我想念你的吻，每天都想念你，非常想念你。

瓦妮莎长舒一口气，她称科比为自己的灵魂伴侣：

大家都叫他黑曼巴、MVP、畅销书作者、奥斯卡得主，但是对我来说，他是我的爱人，我无法把他当成一个名人或者一个出色的篮球运动员。他是最爱我的丈夫、我孩子们最好的父亲，他是我的一切，我从 17 岁就跟他在一起了，我是他的第一个女朋友、他的初恋、第一任妻子，是他最好的朋友，是他的保护者。没有人比我们两个更互补，我是火焰，他是坚冰，或者反过来。没有人会比科比更加宠爱我，每年结婚纪念日和情人节，他都会为我准备惊喜，甚至亲自制作了到现在我都非常珍爱的礼物。

瓦妮莎还透露，科比曾经把电影《笔记本》里面用过的那个笔记本与蓝裙子买回来送给她，当她问到为什么这么做的时候，科比说："我就是为了电影里艾丽回到诺阿身边的那一幕。"瓦妮莎与科比的爱是刻骨铭心的，他们全身心地爱着对方，畅想白头偕老的那一天，科比在去世前几周还给瓦妮莎发短信："等我们老了，就一起去周游世界，不带孩子，只有我们俩。"然而，这条短信内容成了他们永远的遗憾，而这条短信被瓦妮莎一直保存，是最甜蜜的誓言。

从瓦妮莎的演讲中，大家知道了一个更加伟大的科比，MVP 以外的最佳父亲（Most Valuable Dad）。

在科比做球员的时候，瓦妮莎去接大女儿、二女儿都是提前一个小时到达学校，站在接孩子队伍的第一排。当科比退役之后，他主动接管了接送孩子的重任，然而有一次他迟到了，回来以后非常懊悔，"此后，科比每次都提前一个小时二十分钟到达学校"。

就在科比失事前一天晚上，他还带碧昂卡去水塘玩，他带给碧昂卡的快乐会一直被记在心里。"科比曾经经常跟碧昂卡和卡普里说多么希望她们尽快长大，好一起打篮球。然而现在成了巨大的遗憾，唯一的幸运是，科比听到了卡普里喊他爸爸。"

"上帝知道，他们两个不能分开，所以把他们一起带去了天堂。"瓦妮莎发言的最后阶段，她再次哽咽，"宝贝，请照顾好吉安娜，我来照顾娜塔莉娅、碧昂卡和卡普里，我们还是一个很棒的团队，请在天堂安息，直到我们再次见面那一天。"

瓦妮莎说科比是世界上最好的父亲，这一点，他们身边更多的人站出来证实。吉安娜的梦想是进入大学女篮名校 Uccon，科比在 2019 年 3 月的时候，带吉安娜参观了 Uccon 大学，也去了女篮的更衣室，看望每一个球员，Uccon 教练吉诺·奥立马回忆道："吉安娜非常兴奋，幸福溢满了脸庞，整个过程，科比都站在远处，微笑着看，他不想掩盖吉安娜的光芒，吉安娜现在或者未来一定会成为这里的焦点，她首先是一名出色的篮球运动员，而不是科比·布莱恩特的女儿。"他称，科比给了很多人启发，如何成为一个真正的父亲、一个好父亲。

坐在前排的乔丹起身搀扶瓦妮莎走下舞台，而乔丹——篮球之神、科比的偶像，也是此次"生命的礼赞"的重要发言嘉宾。

1996 年，18 岁的科比在 NBA 赛场上终于遇到了偶像，科比最终得到了 32 分，乔丹拿下 36 分，并带领球队赢得比赛。

乔丹走上这场礼赞的讲台，他开始泪流满面。

"科比和我，我们是非常亲近的朋友，我经常在晚上十一点半、

一点半、凌晨三点收到他的短信，询问脚步、跳投，有时候是三角进攻。这些真的很烦人，但是我清楚，他想成为世界上篮球最强的那个人，于是我想成为他最好的大哥。他一直用他的方式去影响你，就像今天，你看他成功了。我又要有哭泣表情包了，我今天本不想来，我跟我太太说，不想在之后三四年里看到哭泣表情包。"

"篮球之神"称他一直被科比的激情、努力所吸引，而在追悼会现场，他听到更多的是大家对他做父亲那一面的赞赏，乔丹决定回去以后也要努力做一个像科比一样的父亲。

"当科比离开，我的一部分也跟着他走了。"乔丹这句话让台下数万人感到震撼，同时也感同身受。科比一直在用行动激励热爱篮球的运动员变得更强，而他的精神激励了更多青少年、世界上的人们努力成为最好的自己，而这些数字都是巨大且难以统计的。

奥尼尔作为演讲嘉宾也站到台上，用他少有的认真来祭奠昔日的队友、自己的灵魂支柱："我本来以为面对一群人讲科比的故事的时候，是在名人堂的致辞仪式上，或是在科比基金会上发言，我没有想到会在这里悼念他的离世。像你们一样，我也一直深陷悲伤，我们一直是爱着对方的好友。""大鲨鱼"站在斯台普斯中心，当年他与科比一起在这里夺得三连冠，因为一些矛盾，他转身出走，这一走竟已错过昔日少年。

"安息吧，我的小兄弟，我会教你的女儿们打篮球，教给她们你的脚步、你的后仰跳投。请放心，我不会教给她们我的罚球。"

再见，科比，这块场地实现了你的篮球梦，18次入选全明星，5次NBA总冠军得主，1次MVP，两届奥运冠军，他在球场外做的很多事情，是此刻场内场外的人们聚集在一起的主要原因，曼巴精神永存。

名人堂仪式

2020届奈史密斯名人堂的举办，颇为引人注目，本届入选名人堂的成员有加内特、邓肯、汤姆·贾诺维奇等，这是科比注定的荣誉，从他退役那天开始，球迷们就准备好了，五年之后陪伴偶像入选名人堂。据说科比从退役那天开始，就在准备自己的名人堂发言稿，而当这一天终于到来，他没有出现，而是选择了在天堂远远地注目。

加内特说："明明是我们三个人入选，却只有两个人到场，科比是一个很有独创性的球员，他影响着整个篮球世界。"

邓肯表示："我记得和他的比赛，记得和他一起的时光。和他对决，你必须不遗余力拼到底，是科比让我成为最好的自己。"

此次名人堂为了缅怀和纪念科比，不拘一贯的严苛与严谨，不吝殊遇，为科比专门设立了一个独立的展厅，展厅中陈列了科比的五枚总冠军戒指、签名球鞋，还有职业生涯各款队服，并且邀请科比的伴侣瓦妮莎亲自指点布局与设置。历史上只有"篮球之神"——迈克尔·乔丹获得过独立展厅的特殊待遇，科比是第二人。

除此之外，在名人堂上，球员们需要有一位引荐人，他的导师、职业偶像、挚友——迈克尔·乔丹，成为科比名人堂的引荐人。仪式当天，乔丹搀扶瓦妮莎走上演讲台。时隔一年，瓦妮莎再次出现在演讲台，身为单亲妈妈，她展示了自己更强大的一面，台下的观众为她鼓掌。

去年二月，我给迈克尔打电话，问他愿不愿意做科比的引荐人，非常感激他同意了，这对我和科比来说意味着一切，我们非常钦佩您。

我可以想象科比正在天上，双手交叉，笑着看我："你准备在这么多人面前公开表扬我了吗？"这回他又赢了，我真希望科比和吉安娜今天能一起出现在这里，吉安娜一定会为她的父亲感到骄傲，这是篮球界的最高殊荣。

我知道科比一直都很期待这一天的到来，他甚至提前打电话给组委会，让他们为我们的小女儿卡普里留一个座位，那时候他超级开心。

瓦妮莎还透露科比很少聊那些还没有得到的奖项，但是在他去世前一周，的确讨论过入选名人堂的事情。

科比在任何事上都超于常人，他每次都会认真准备自己的演讲稿，我知道如果今天他站在这里，会感谢很多很多人，帮助他走上篮球道路的人、在这条路上激励过他的人、他的家人、朋友、队友们、精神领袖们、球迷们、对手，还有那些曾经看不起他、认为他取得不了巨大成就的人，谢谢这些人的激励，让科比今天能入选名人堂。

瓦妮莎与科比在一起将近二十年，她深知丈夫的性情，所有支持的、反对的声音在科比这儿全都变成了一股力量，一股正向的逼人奋进的力量。

今天是我站在这里，我替科比发言，所以我想感谢科比，是他取得了丰功伟绩，打破了一个个纪录，并激励人们走向伟大。他是一个了不起的顾家男人。亲爱的科比，感谢你所有的辛勤付出，感谢你每天四点起床去训练，然后回来送女儿们上学，感谢你为我们提供的不可思议的生活，感谢他只要时间允许都会参加的每一个家庭活动和学校活动，他对我们永远以德报怨，守护在我们身边。感谢你有生之年如此爱我，无论经过多少轮回，我都依然选择你。

每一位进入名人堂的球员都清楚，他们牺牲了比别人更多的时间去磨炼自己。这需要很多的内驱力、投入，还有自律，否则无法取得成功，科比惊人的数据就是最好的答案。在篮球上面，科比从来不走捷径，他为篮球付出了一切。

科比在场上的情形仿佛就在昨天，他呼风唤雨无人能挡，他场上的一举一动都让对手窒息。他带着骨折的鼻子上场，手指脱臼了，就自己把它掰回来，回到场上继续打完比赛。大家印象深刻的是，在跟腱撕裂的情况下，他仍坚持完成了两次罚球，并自己走下球场。瓦妮莎也在回忆这些伴随着伤病的辉煌，她永远忘不了科比跟腱撕裂那晚在场上看她的眼神。

我意识到情况很糟，他走进球员通道，没有冲我眨眼睛，也没有飞吻，我看到了他脸上的不安，那是严重的伤病，但是当他回归球场那天，带着更强壮的意志回来了。

对于一直与伤病做斗争的科比，瓦妮莎有很多不解，她不懂明明有伤病，为什么不轮休一场，科比的答案让她沉默："我记得当我小的时候和爸爸一起买廉价球票，坐在球馆的最上面区域看偶像打球。"

说到这儿，瓦妮莎回头看了一眼身后的乔丹，乔丹微微弯腰表示感谢。

科比甚至一直都能记起看比赛那天的情景，啦啦队的表演，还有能去到现场看偶像的兴奋。所以科比不想让球迷们失望，特别是那些攒钱买廉价球票来看比赛的球迷，他不想让那些孩子失望。只要他能打，他愿意时刻留在场上，因为他爱所有的粉丝。

20多年，科比通过篮球证明了自己，用自己的行动激励了无数的人们，他也一定畅想过自己进入名人堂的这一天，穿上橙色西装，为自己添一枚名人堂戒指。

这一天到来的时候，他与吉安娜一起，坐在天堂的某个地方，以他永远独特的方式，庆祝他与篮球密不可分的渊源。瓦妮莎把这象征名人堂荣誉的橙色西装，穿在了大女儿娜塔莉娅的身上，娜塔莉娅代替父亲接过名人堂戒指。这枚戒指正面写着奈史密斯名人堂字样，上面镶有18颗钻石，侧面刻着"Kobe Bryant"。

是的，"Kobe Bryant"。

· 后记 ·

永恒科比!

KOBE FOREVER
KOBE FOREVER
KOBE FOREVER
KOBE FOREVER

1 | 2
　　3

1. 2020 年 1 月 26 日，科比的私人直升机发生坠机事故，科比与女儿吉安娜不幸遇难，图片为坠机事故现场。

2. 2020 年 1 月 26 日，2019-2020 赛季法甲第 21 轮，巴黎圣日耳曼队 2：0 战胜里尔队的比赛中，内马尔进球后比出 24 号手势致敬不幸离世的篮球巨星科比。

3. 2020 年 1 月 26 日，2019-2020 赛季 NBA 常规赛，篮网队对阵尼克斯队的比赛，球场亮紫金灯光纪念科比。

1. 2020 年 1 月 26 日，科比与女儿吉安娜因坠机去世，球迷自发聚集在湖人队主场斯台普斯中心外悼念科比。

2. 2020 年 1 月 26 日，在美国洛杉矶举行的第 62 届格莱美颁奖礼上，科比的球衣悬挂于颁奖礼场馆斯台普斯中心。

3. 2020 年 1 月 27 日，2020 年澳网公开赛男单第 4 轮，克耶高斯身着湖人队 8 号球衣入场，以此缅怀不幸离世的科比。

1 | 5
2 3 |
4 |

1. 2020 年 1 月 28 日，2019–2020 赛季意大利杯四分之一决赛，AC 米兰队对阵都灵队的比赛中，圣西罗球场举行悼念科比活动。

2. 2020 年 1 月 28 日，2019–2020 赛季 NBA 常规赛，76 人队对阵勇士队。赛前众球员身穿 8 号和 24 号球衣，在科比高中时期的 33 号球衣前缅怀科比。

3. 2020 年 1 月 28 日，澳网公开赛男单四分之一决赛，德约科维奇身着悼念科比的定制外套接受采访，谈及科比，他数次哽咽。

4. 2020 年 1 月 28 日，科比母校劳尔·梅里恩高中缅怀科比。

5. 2020 年 1 月 28 日，美国纽约的帝国大厦点亮紫金色灯光，纪念已故湖人队传奇科比·布莱恩特。

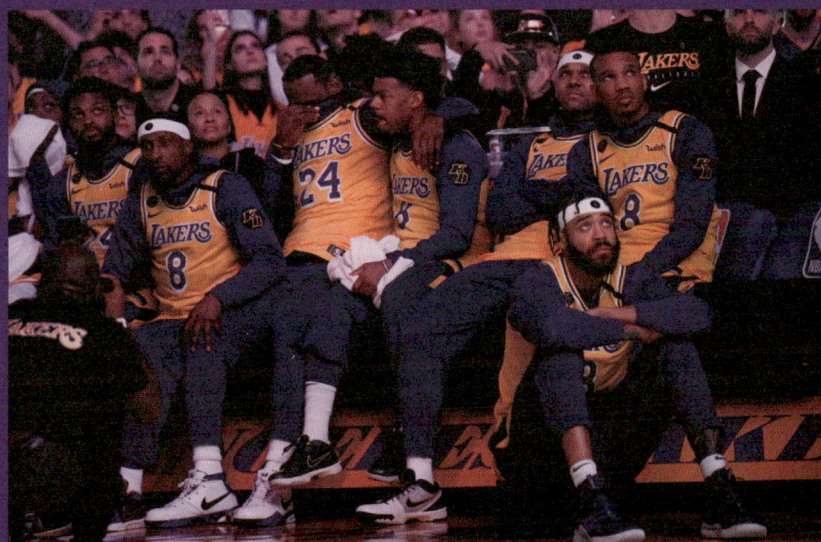

1. 2020 年 1 月 29 日，菲律宾马尼拉的贫民窟现巨幅壁画，缅怀传奇球星科比及其女儿吉安娜。

2. 2020 年 1 月 30 日，欧洲篮球冠军联赛赛场缅怀科比。

3. 2020 年 1 月 31 日，2019—2020 赛季 NBA 常规赛，湖人队对阵开拓者队的比赛中，斯台普斯中心永远为科比和吉安娜保留座位。

4. 2020 年 1 月 31 日，湖人队主场缅怀科比，詹姆斯等球员十分痛苦。

1. 2020 年 2 月 2 日，在美国迈阿密举行的 2020 年 NFL 超级碗旧金山 49 人队对阵堪萨斯城酋长队的比赛中，现场增加致敬科比的环节。
2. 2020 年 2 月 5 日，美国洛杉矶市区巨幅壁画，缅怀科比和吉安娜。
3. 2020 年 2 月 5 日，意大利球队列蒂队向科比致敬，科比在这里度过了 7 年的童年。1984 年，他的父亲乔·布莱恩特在这里首秀，当时科比年仅 6 岁。

1 | 2
    3

1. 2020 年 2 月 15 日，2020 年芝加哥全明星赛，亚当·萧华宣布 NBA 全明星 MVP 奖杯改名为科比·布莱恩特 MVP 奖杯。

2. 2020 年 2 月 16 日，2020 年 NBA 全明星赛，詹妮弗·哈德森深情献唱致敬科比。

3. 2020 年 2 月 16 日，2020 年 NBA 全明星赛正赛，赛前缅怀科比，"魔术师"约翰逊发言。

1. 2020 年 2 月 24 日，科比与吉安娜追思会中奥尼尔致辞。

2. 2020 年 2 月 24 日，在以"生命的礼赞"为主题的科比追思会中，迈克尔·乔丹搀扶瓦妮莎走下台阶。

3. 2020 年 2 月 24 日，科比与女儿吉安娜追思会于洛杉矶湖人队主场斯台普斯中心举行。迈克尔·乔丹发表演讲，泪流满面。

1. 2020 年 2 月 24 日，洛杉矶街头球迷以各种方式纪念科比。

2. 2020 年 6 月，波黑一位艺术家带领当地年轻人创作了一幅长约 12 米、宽约 6 米的科比巨幅壁画，展现的是科比罚球的姿态。

3. 2020 年 8 月 22 日，WNBA 西雅图风暴队和拉斯维加斯王牌队的比赛，赛前双方球员向科比致敬。

1. 2020 年 8 月 23 日，洛杉矶道奇队与科罗拉多洛矶队的 MLB 棒球比赛，赛前仪式上球员纪念科比和吉安娜。

2. 2021 年 1 月 26 日，意大利雷焦艾米利亚的一个广场以科比及其女儿吉安娜名字命名，科比曾在此度过一段童年时光，科比昔日旧照一同亮相。

3. 2021 年 1 月 26 日，科比去世一周年，球迷来到科比坠机事故地点，用石头摆出科比曾经的球衣号码——8 号，以此纪念科比。

4. 2021 年 1 月 26 日，科比去世一周年，球迷来到科比坠机事故地点纪念科比。

1. 2021 年 5 月 14 日，2021 奈史密斯篮球名人堂入选典礼，科比的大女儿娜塔莉娅替父亲科比·布莱恩特穿上名人堂西装。
2. 2021 年 5 月 15 日，科比入驻 2020 届奈史密斯篮球名人堂，科比的爱妻瓦妮莎上台发言。

永恒，科比

时间其实过得很快。

科比离开我们，却仿佛一直是昨天，久久不能释怀。其实每一次在工作中，再次面对湖人队的比赛，面对科比的视频画面，我总是思绪万千。几乎每一次都会想：科比真的不在了吗？这会不会只是大家的梦一场？

但是这终究是现实，我们不得不接受。

有个朋友跟我说，其实科比从未离开。所有的球迷朋友，无时无刻不在重温他的精彩瞬间，他的每一场比赛。而科比，也一直在激励着我，在生活中，在自己的工作中，在每一分每一秒。

当这一本书最终收尾的时候，我其实有很多话想说，但又不知如何去诉说。关于书的名字，我和出版社的老师多次探讨。我们曾经想过"科比全传"，但是科比的故事，谁又能写全呢？一本书，几十万字，怎能去完整地诉说科比呢？所以，我们否定了这个名字。

在一次沟通中，我们重温了科比的职业生涯最后一战，60 分的表演荡气回肠。一句 Mamba out，让多少人不舍和留恋，但是与 Mamba out 相对的就是 Mamba Forever。于是，《科比，永不退场》的书名就此确定。

这本书，是我心中科比的故事，我不知道自己能为科比做些什么，只希望这些文字成为我对科比最真诚的怀念，也希望每一个喜欢科比的您，看到这些文字时，都会想起科比陪伴我们的点点滴滴，因为"科比，永不退场"！

图书在版编目（CIP）数据

科比，永不退场 . 永恒 / 段冉著 . –– 北京 : 北京时代华文书局 , 2021.10
ISBN 978-7-5699-4441-9

Ⅰ . ①科… Ⅱ . ①段… Ⅲ . ①布莱恩特 (Bryant, Kobe 1978–2020) —传记 Ⅳ . ① K837.125.47

中国版本图书馆 CIP 数据核字 (2021) 第 208766 号

科比，永不退场 永恒

KEBI YONGBU TUICHANG YONGHENG

著　　者 | 段　冉

出 版 人 | 陈　涛
选题策划 | 董振伟　直笔体育
责任编辑 | 周连杰
执行编辑 | 王振强　王　昭　马彰羚
责任校对 | 刘晶晶
装帧设计 | 程　慧　贾静洁
责任印制 | 訾　敬

出版发行 | 北京时代华文书局 http: //www.bjsdsj.com.cn
　　　　　北京市东城区安定门外大街 138 号皇城国际大厦 A 座 8 楼
　　　　　邮编：100011　电话：010 – 64267955　64267677
印　　刷 | 小森印刷（北京）有限公司　010 – 80215073
　　　　　（如发现印装质量问题，请与印刷厂联系调换）
开　　本 | 710mm×1000mm　1/16　印　张 | 13　字　数 | 198 千字
版　　次 | 2022 年 1 月第 1 版　印　次 | 2022 年 1 月第 1 次印刷
书　　号 | ISBN 978-7-5699-4441-9
定　　价 | 248.00 元（全五册）